SÉRIE
diálogo
na sala de aula

Içami Tiba

123 respostas sobre drogas

Ilustrações de
Ricardo Montanari

editora scipione

Gerência editorial
Sâmia Rios

Responsabilidade editorial
Mauro Aristides

Assistência editorial
Camila Carletto, Ivonete Leal Dias e
Maysa Monção

Roteiro de trabalho
Sonia Rodrigues

Revisão
Adriana Cristina Bairrada, Claudia Virgilio,
Mariana de Lima Albertini,
Renato Luiz Tresolavy e Thiago Barbalho

Coordenação de arte
Maria do Céu Pires Passuello

Programação visual de capa e miolo
Didier D. C. Dias de Moraes

Foto de capa
Teru Nakamura e
Clarissa Leahy/TonyStone/Getty Images

editora scipione

Av. Otaviano Alves de Lima, 4400
6.º andar e andar intermediário Ala B
Freguesia do Ó
CEP 02909-900 – São Paulo – SP

DIVULGAÇÃO
Tel.: 0800-161700

CAIXA POSTAL 007

VENDAS
Tel.: (0XX11) 3990-1788

www.scipione.com.br
e-mail: scipione@scipione.com.br

2025

ISBN 978-85-262-5047-5 – AL
ISBN 978-85-262-5048-2 – PR

Cód. do livro CL: 733286

1.ª EDIÇÃO
10.ª impressão

Impressão e acabamento
Forma Certa Gráfica Digital
Código da OP: 286653

Este livro foi reformulado a partir de sua edição original na série Ponto de Apoio.

Conforme a nova ortografia da língua portuguesa.

ABDR
EDITORA AFILIADA

Dados Internacionais de Catalogação na Publicação (CIP)
(Câmara Brasileira do Livro, SP, Brasil)

Tiba, Içami

123 respostas sobre drogas / Içami Tiba; ilustrações de Ricardo Montanari. – São Paulo: Scipione, 2003. (Série Diálogo na sala de aula)

1. Drogas – Abuso – Prevenção 2. Juventude – Uso de drogas 3. Literatura infantojuvenil 4. Perguntas e respostas I. Montanari, Ricardo. II. Título. III. Série.

03-4874 CDD-028-5

Índice para catálogo sistemático:

1. Jovens: Drogas: Prevenção: Literatura Infantojuvenil 028.5

É característico do ser humano buscar respostas.
Uma resposta pode levar a novos questionamentos.
Questionamentos respondidos fazem evoluir a humanidade.
Cada pessoa é responsável pela sua própria evolução.
Pequenos detalhes podem guardar grandes ensinamentos.
A sabedoria está em poder aprender com tudo e todos.

... e é saudável a sabedoria da experiência de vida.

Com meus pais aprendi a lutar.
Com M. Natércia, minha mulher, aprendi amando.
Com André Luiz, Natercinha e Luciana, meus filhos,
aprendi sendo pai.
Com meus professores, aprendi a pensar.
Com meus alunos, aprendi ensinando.
Com os adolescentes, aprendi a renovar.
Terapeutizando e orientando, pelos sofrimentos busquei a saúde.

Este trabalho traz um pouco de todas estas pessoas. Nada mais natural, portanto, que agradecer a elas – que me são tão importantes – e dedicar-lhes este livro.

SUMÁRIO

BREVE *CURRICULUM* DO AUTOR

1968 – Formou-se médico pela Faculdade de Medicina da Universidade de São Paulo (FMUSP).

1969/1970 – Médico residente do Departamento de Neuropsiquiatria do Hospital das Clínicas da FMUSP (especialização em psiquiatria).

1971/1977 – Psiquiatra-assistente da psiquiatria infantil do Departamento de Neuropsiquiatria do Hospital das Clínicas da FMUSP.

1969/2003 – Psicoterapeuta de adolescentes e respectivas famílias em consultório particular.

1975 – Especialização como psicoterapeuta psicodramatista pela Sociedade de Psicodrama de São Paulo.

1977/1992 – Professor supervisor de psicodrama de adolescentes no Instituto Sedes Sapientiae.

1977 – Graduação como professor supervisor de psicodrama de adolescentes pela Federação Brasileira de Psicodrama.

1977/1978 – Presidente da Federação Brasileira de Psicodrama.

1977/1992 – Professor de psicodrama de adolescentes no Instituto Sedes Sapientiae da Pontifícia Universidade Católica de São Paulo.

1978 – Presidente do I Congresso Brasileiro de Psicodrama.

1987/1989 – Colunista da TV Record no programa *A mulher dá o recado.*

1989/1990 – Colunista da TV Bandeirantes no programa *Dia a dia.*

1991/1994 – Coordenador do Grupo de Prevenção às Drogas do Colégio Bandeirantes (São Paulo).

1995/2003 – Membro da equipe técnico-científica da Associação Parceria Contra Drogas (APCD).

1997 – Membro eleito do Board of Directors of the International Association of Group Psychotherapy.

2000 – Apresentador da Rede Vida de Televisão no programa semanal *Caminhos da educação.*

2001/2002 – Radialista da FM Mundial no programa semanal *Papo aberto com Tiba.*

2003 – Conselheiro do Instituto Nacional de Capacitação e Educação para o Trabalho "Via de Acesso".

✓ Professor de diversos cursos e *workshops* no Brasil e no exterior.

✓ Articulista de diversas revistas leigas e especializadas.

✓ Capítulos escritos em diversos livros especializados.

✓ Mais de 2800 palestras proferidas.

✓ Mais de 72000 atendimentos psicoterápicos.

✓ Frequentes participações em programas de televisão e rádio.

✓ Inúmeras entrevistas para a imprensa leiga e especializada.

✓ Criador da teoria integração relacional, na qual se baseiam suas consultas, palestras, livros e vídeos.

✓ 14 livros publicados (mais de 700 mil exemplares vendidos):

Abaixo a irritação!: como desarmar esta bomba-relógio no relacionamento familiar. 13. ed. São Paulo: Gente.

Adolescência: o despertar do sexo. 15. ed. São Paulo: Gente.

Amor, felicidade & cia. 6. ed. São Paulo: Gente.

Anjos caídos: como prevenir e eliminar as drogas na vida do adolescente. 14. ed. São Paulo: Gente.

123 respostas sobre drogas. 3. ed., 6. reimpr. São Paulo: Scipione.

O(a) executivo(a) & sua família: o sucesso dos pais não garante a felicidade dos filhos. 6. ed. São Paulo: Gente.

Obrigado, minha esposa! 2. ed. São Paulo: Gente.

Puberdade e adolescência: desenvolvimento biopsicossocial. 6. ed. São Paulo: Ágora.

Quem ama educa! 50. ed. São Paulo: Gente.

Saiba mais sobre maconha e jovens. 6. ed. São Paulo: Ágora.

Sexo e adolescência. 10. ed. São Paulo: Ática.

três deles adotados pelo Programa de Melhoria e Expansão do Ensino Médio do MEC:

Disciplina: limite na medida certa. 53. ed. São Paulo: Gente.

Ensinar aprendendo: como superar os desafios do relacionamento professor-aluno em tempos de globalização. 14. ed. São Paulo: Gente.

Quem ama educa! 72. ed. São Paulo: Gente.

Seja feliz, meu filho! 19. ed. São Paulo: Gente.

✓ 12 vídeos editados pela Loyola Multimídia, coleção Papo Aberto Sobre...:

Adolescência

Sexualidade na adolescência

Drogas

Amizade

Violência

Educação na infância

Relação pais e filhos

Disciplina e educação

Ensinar e aprender

Rebeldia e onipotência juvenil

Escolha profissional e capacitação para a vida

Integração e alfabetização relacional

1

INTRODUÇÃO

Conversando com vários adolescentes, cheguei à conclusão de que eles sabem muito pouco sobre drogas e o que sabem são apenas conceitos vagos, alguns errôneos e sem fundamentação científica.

O que mais me chamou a atenção nessas conversas foram as perguntas e as curiosidades que não constam de livros, mas que se relacionam diretamente com seu dia a dia. São questões que colhi em palestras nas escolas, nos clubes, nas sessões de psicoterapia e nos papos com meus filhos e seus amigos.

Descobri que muitos deles interrompem a leitura do livro que estão lendo porque existem coisas muito mais interessantes para fazer: telefonar (tem de ser naquela hora), "atacar" a geladeira, ir ao banheiro... Quando retornam à leitura, se é que voltam, o livro já não tem importância. O interesse já passou.

Como este livro é estruturado em perguntas e respostas – que podem ser lidas de acordo com a vontade e a curiosidade de cada um –, sua leitura é muito mais fácil de ser feita. Quem for mais afoito poderá procurar a pergunta que mais lhe interesse e ir direto à resposta. Já o mais metódico poderá fazer uma leitura do começo ao fim; nada o impedirá.

Portanto, este livro não tem capítulos e sim questões que podem ser localizadas pelo índice remissivo. Das inúmeras perguntas que me fizeram, escolhi as 123 mais frequentes e interessantes.

Espero que você encontre aqui algo que possa ajudá-lo. Tente responder às perguntas antes de ler a resposta. Confronte, então, as respostas, a sua e a minha. Se achar que eu estou errado, por favor, escreva uma carta à editora, que a encaminhará a mim. Procurarei refletir sobre sua opinião e responderei pessoalmente a você.

Depois que terminar de ler o livro, não seja egoísta, converse a respeito dele com os seus amigos, divulgando o que aprendeu.

2

ÍNDICE DAS PERGUNTAS

3

PERGUNTAS E RESPOSTAS

1. Por que o adolescente se droga?

Hoje, todo mundo sabe, pelos pais, pelos professores e pelas campanhas antidrogas, que as drogas fazem mal. Daí a dificuldade de entender por que o adolescente se droga. Nem ele mesmo deve saber o motivo.

Talvez, por se sentir mais independente – já está fisicamente crescido – e por se sentir psicologicamente mais preparado para a vida, o adolescente queira provar que já cresceu, que tem opinião própria. Querendo então **provar sua segurança** pode experimentar drogas, sem perceber que está fazendo exatamente o contrário de tudo o que ouviu sobre elas.

Além disso, a **curiosidade** pode também levar um jovem a se drogar, pois a adolescência é a época das descobertas, e o adolescente quer conhecer tudo. É preciso, entretanto, saber diferenciar a boa curiosidade da curiosidade nociva, e querer conhecer o mundo das drogas é, de fato, uma **curiosidade** nociva, já que sabemos efetivamente que as drogas fazem mal à saúde, alteram o pensamento e mudam o comportamento das pessoas.

Outro fator que pode induzir um jovem a se drogar é a **incapacidade de enfrentar problemas.** Principalmente aquele que sempre teve tudo e nunca passou por frustrações e tristezas mais sérias. Muitos desse tipo de adolescente, quando surgem os problemas, acabam recorrendo às drogas, achando que assim os afastarão ou acabarão com eles. Na verdade, ele só os afasta de seus pensamentos por alguns minutos, porque nenhuma droga resolve nada. Ao contrário, quando passa seu efeito, o conflito ainda existe e acrescido de mais um: o próprio envolvimento com a droga.

A **onipotência juvenil** (mania de Deus do adolescente) também pode motivar um jovem a se drogar. Acreditando que nada de ruim vai lhe acontecer, ele abusa de tudo: velocidade, sexo, drogas etc. Mas é justamente o **excesso de confiança em si mesmo** que acarreta acidentes automobilísticos, gravidez indesejada, o vício nas drogas.

É comum ainda o jovem usar drogas **para ser aceito pelo grupo que as usa**. Outros, querendo **mudar seu jeito de ser**, recorrem às drogas, pois eles mesmos não se aceitam e acreditam ser esse o caminho para mudarem. Enganam-se. Assim como se enganam os que acham que as drogas acabarão com a **solidão**, ou que **preencherão o tempo**, quando não houver nada que fazer. São pessoas que têm baixa autoestima.

2. É verdade que a maconha não vicia?

É mentira. A maconha vicia e provoca dependência psicológica.

Com base num levantamento, feito para saber quantos se viciam após experimentarem drogas, ficou constatado que 50% dos que provaram maconha ficaram viciados, isto é, de cada dez pessoas que experimentam maconha, cinco acabam viciadas nela.

Cada droga apresenta um índice conhecido como **poder viciante da droga**. No caso da maconha, existe um poder viciante de 50%; da cocaína, de 80%; do *crack*, da heroína e da morfina, há um poder maior que 80%.

É preciso considerar ainda que 14% da população em geral é suscetível a algum vício. Se somarmos o poder viciante da droga com o **fator viciável** da pessoa, dificilmente ela escapará ao vício, se experimentar drogas viciantes.

A afirmação de que a maconha não vicia vem do próprio **canabista** (pessoa que fuma a *Cannabis sativa*, nome científico da planta de que se extrai a maconha). Em geral, ninguém gosta de admitir que está viciado, pois isso significa estar submetido à droga. Não importa a frequência; se a pessoa não resiste passar sem a droga e foi dominada pelo desejo de consumi-la, já está viciada. É claro que quanto mais frequente for o uso e mais pesada for a droga, mais grave é o vício. Porém, para continuar alimentando a vaidade pessoal e a autoestima, o dependente costuma afirmar: **"eu paro quando eu quiser"**. É uma mentira para ele mesmo e para os outros, porque geralmente todos os dependentes químicos querem parar com o vício, mas poucos conseguem. São os que não conseguem parar que usam o argumento de que maconha não vicia.

A medicina já comprovou que **a maconha produz uma dependência psicológica**. Sua dependência física é que não está comprovada. Só se sabe que alguns canabistas apresentam uma discreta **síndrome de abstinência**, demonstrando, assim, a existência de certa dependência física. **Síndrome de abstinência** é o conjunto de sintomas pela falta de droga(s) num organismo acostumado a ela(s).

3. É verdade que a maconha faz menos mal que o cigarro?

É mentira. A maconha é pior que o cigarro, que já é ruim.

Apesar de a maconha e o cigarro serem consumidos do mesmo modo, ambos têm princípios ativos muito diferentes entre si. Além disso, é praticamente impossível compararmos uma pessoa fumando maconha ("canabizando") a outra fumando cigarro ("tabagizando"), pois a sensibilidade varia de pessoa para pessoa, alterando profundamente o resultado.

Dentre centenas de outras substâncias, a maconha contém o THC (tetraidrocanabinol), que pode provocar alterações em várias áreas do aparelho psíquico: memória, atenção, concentração, ânimo, capacidade de realização, noção de tempo e espaço, percepção etc.

Se considerarmos as alterações na percepção em relação à **visão**, por exemplo, constatamos que a sensação visual pode passar de **normal** a **ilusória** ou **alucinada**. Na sensação visual ilusória, pode-se ver um objeto modificado em seu tamanho, cor e movimentos; e, na alucinada, enxergar um objeto que não existe. Ora, o THC pode então provocar um exagero visual que varia desde o aumento da luminosidade e intensidade de cores até a alucinação, passando pela ilusão. Portanto, tendo em conta que o efeito de um cigarro de maconha dura de duas a três horas, nesse período, o canabizado em geral fica prostrado (corpo mole), sem concentração suficiente para produzir algo que necessite de atenção e memória, com a iniciativa diminuída, prejudicando a realização de qualquer trabalho corporal.

O tabaco não apresenta as características provocadas pelo THC, pois o organismo tem mais tolerância ao cigarro e a nicotina é rapidamente eliminada do corpo – de meia a uma hora –, o que, aliás, permite que muitos cigarros (tabaco) sejam fumados em um só dia.

Já a maconha é menos consumida nesse mesmo período, porque, além de seus efeitos serem mais duradouros, o organismo tem menos tolerância a eles, embora algumas pessoas, com o uso, criem maior tolerância. Os prejuízos que a maconha causa, porém, são muito maiores que os do tabaco. Por exemplo: com tantas alterações psicológicas, o rendimento escolar cai, e o aluno ou repete de ano, ou muda para uma escola mais fraca. Repetências provocadas pelo tabaco são praticamente nulas. A maconha despersonaliza seu usuário crônico e o cigarro, não.

A longo prazo, a maconha é dez vezes mais cancerígena que o tabaco. Como a maioria dos canabistas é também tabagista, tem-se atribuído ao tabaco a "responsabilidade" pelo alto índice de câncer de pulmão, que na realidade pode ter sido provocado pela maconha.

Acidentes de carro são muito frequentes com canabizados por causa da alteração que o THC provoca na noção de tempo e de espaço, perturbando consequentemente a percepção de velocidade e diminuindo a atenção. Estatísticas canadenses apontam a maconha como a segunda maior causa de acidentes automobilísticos; em primeiro lugar, está o álcool.

Tudo isso não significa que o cigarro é inofensivo. O cigarro é prejudicial à saúde, mas comparado à maconha faz menos mal (para mais detalhes, veja as respostas 43, 57 e 58 sobre o tabaco e seus fumantes). Dizer que a maconha faz menos mal que o cigarro também é discurso de canabistas, que, para se defenderem, atacam o cigarro. Desse modo, pensam que pais tabagistas não teriam como condenar seus filhos pelo uso da maconha. Dizer também que a maconha é um produto artesanal e natural e que o cigarro, por ser industrializado, é cheio de "químicas" e faz mal à saúde é outra inverdade. O fato de ser natural não garante que seja bom, pois existem muitos venenos que são naturais. Quanto a ser artesanal, isso também não dá nenhuma garantia de qualidade.

4. Alguns anos atrás, os jovens usavam mais ou menos droga do que os de hoje?

As décadas de 1960 e 1970 foram marcadas por grandes movimentos libertários, como a emancipação da mulher e a liberação sexual. Foi a época dos gigantescos festivais de músicas, em que muitas pessoas - tanto fãs como ídolos - drogavam-se, pois o uso das drogas também significava liberdade.

Assim, sob essa bandeira, vários jovens, cantores e artistas consagrados exibiam-se drogados, apesar de o uso das drogas ser ilegal, não aceito socialmente e ter causado a morte de muitas pessoas por *overdose*.

Havia também, é claro, uma maioria silenciosa que não usava drogas, contra uma minoria que as usava ostensivamente.

Hoje, entretanto, a droga não tem mais o significado daquelas décadas, e seu consumo continua ilegal e não aceito pela sociedade.

O número de usuários aumentou por vários motivos:

- ✓ os jovens estão começando a usar drogas cada vez mais cedo: álcool com 10 anos, cigarro com 11 anos e maconha com 12 anos;
- ✓ maior facilidade para conseguir drogas;
- ✓ maior propaganda legal, ou não, das drogas;
- ✓ maior variedade de drogas.

5. Se uma pessoa experimentar a droga para conhecer a sensação, poderá ficar viciada?

É possível. Se uma pessoa propensa ao vício experimentar uma droga que tem forte poder viciante (*crack*, cocaína, heroína etc.) ou médio (maconha), ela poderá ficar viciada desde as primeiras vezes de uso. Mas não é a maioria. O que vai determinar se ficará viciada ou não é o desejo de continuar utilizando a droga com a desculpa de estar somente experimentando. A experimentação pode ser perigosa principalmente quando a pessoa está buscando determinados efeitos. Ora, se conseguir atingi-los, por que não buscá-los outra vez?

No entanto, se a droga tiver baixo poder viciante, ou for muito difícil de ser encontrada, ou se as sensações forem desagradáveis, as pessoas, em geral, não repetirão a experiência, portanto não ficarão viciadas.

Raramente alguém experimenta cigarros porque quer ser um tabagista inveterado; essa experiência também vem da curiosidade. Todavia, quase todo tabagista lamenta amargamente o dia em que experimentou cigarro.

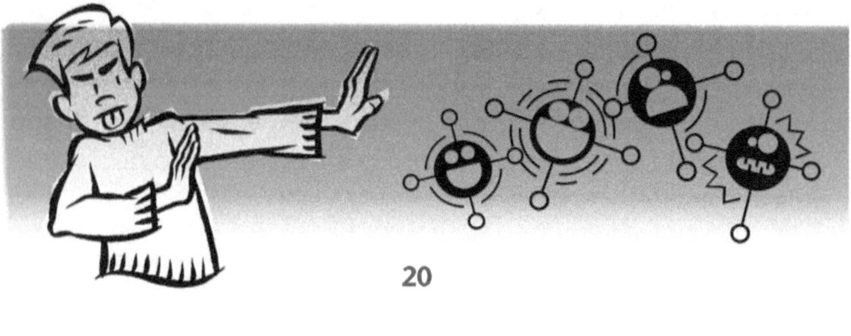

6. A droga pode levar à morte?

Sim, se a droga for do tipo que deprime o funcionamento dos centros cerebrais responsáveis pela respiração ou circulação.

Entretanto, ninguém morre de tanto usar maconha porque, após uma grande quantidade fumada, o canabista sente dor de garganta como se fosse uma forte amigdalite, o que dificulta a respiração e a deglutição. Quando se chega a esse ponto, não se consegue mais "canabizar".

Entretanto, uma pessoa que tem problemas cardíacos pode morrer do coração quando não suportar o dobro dos batimentos cardíacos normais, provocado pelo THC (tetraidrocanabinol) fumado.

Ao cheirar lança-perfume, benzina, clorofórmio, cola de sapateiro etc., as pessoas chegam até a desmaiar. E, se aspirarem o produto sem controle, de modo que o nível da droga no sangue continue subindo, isso pode afetar os centros cerebrais responsáveis pela respiração e pela circulação a ponto de inibi-los, fazendo-os parar de funcionar. Assim, a pessoa morre por asfixia ou por parada cardíaca. Há registro de muitas mortes por parada cardíaca provocadas pelo uso de lança-perfume. O clorofórmio (um dos três componentes do lança-perfume) provoca depressão nos tecidos do coração, levando-o a parar.

O álcool em grandes quantidades também pode provocar coma e morte, mas a maioria das mortes provocadas pelo álcool está relacionada a acidentes de automóveis causados pela bebiba alcoólica.

Inalantes e solventes podem causar morte súbita, que é o maior risco imediato no uso voluntário dessas drogas.

O *ecstasy* pode levar à morte por vários motivos: desidratação, febre alta, sofrimento cerebral, infarte etc.

Cocaína e *crack* também podem matar por *overdose*. Para saber mais sobre isso, leia a resposta seguinte.

7. O que é e como funciona a *overdose*?

Overdose é a quantidade de droga acima daquela que o corpo suporta. Quando alguém diz que fulano morreu de *overdose* de cocaína quer dizer que tal pessoa usou cocaína em quantidade superior àquela que seu corpo poderia suportar e acabou morrendo.

O organismo humano tem um limite em sua capacidade de metabolização (eliminação) da droga ingerida, que geralmente é feita pelo fígado. A metabolização é a maneira pela qual a droga é decomposta, resultando em outros compostos mais simples que são menos tóxicos que a droga. Quando sua velocidade for menor que a da ingestão (aquisição) da droga, esta vai-se acumulando no organismo, chegando a níveis que provocam parada cardíaca e/ou parada respiratória e/ou depressão geral do sistema nervoso central (SNC) e, consequentemente, a morte.

A quantidade de cocaína suficiente para provocar *overdose*, seguida de parada cardíaca, é apenas 1,2 g. Entretanto, os dependentes químicos chegam a usar vários gramas por dia e não morrem – por causa da tolerância. Também quando o nível de álcool atinge de 0,4% a 0,5% no sangue, o equivalente a 600 ml de uísque bebido em uma hora ou menos, provoca o coma. Quando o nível atinge de 0,6% a 0,7%, que equivale a 750 ml de uísque bebido em uma hora ou menos, todo o cérebro e a medula entram em depressão profunda, provocando paralisia do centro respiratório e, consequentemente, a morte.

8. O que é *ecstasy*?

É a droga da moda, também chamada de "pílula do amor".

Ela recebe esse nome por liberar a serotonina acumulada no interior dos neurônios, provocando um estado de excitação quase incontrolável no usuário. Mesmo que seja difícil de o orgasmo ser atingido, a sensualidade vem à flor da pele.

O seu princípio ativo é o MDMA (metil-dioxi-meta-anfetamina), um poderoso psicoestimulante anfetamínico criado em laboratório, na Alemanha, em 1913, e difundido nas festas *clubbers* da Europa e dos Estados Unidos, nas duas últimas décadas do século XX. A droga é também muito usada nas *raves*, festas de longa duração, mantendo o usuário "ligado" por muito tempo, pois seus efeitos duram de 7 a 8 horas.

Os sintomas começam a aparecer, em geral, depois de duas horas da ingestão da droga e são: aumento da sensibilidade ao som, principalmente ao *techno*, aumento da libido, taquicardia, pressão alta, midríase (dilatação das pupilas) com consequente sensibilidade à luz e desidratação. À medida que vai elevando a temperatura corporal a 41°C, vai também aumentando a sede, obrigando a pessoa a ingerir grande quantidade de água. É uma droga que pode provocar a morte por vários motivos: desidratação, febre alta, sofrimento cerebral, infarte etc.

O *ecstasy* também produz perda de memória e depressão ao mesmo tempo que aumenta a ansiedade, podendo gerar contrações musculares no rosto e no corpo e um quadro de paranoia com mania de perseguição (lembra a esquizofrenia). Causa lesões cerebrais irreversíveis nas áreas responsáveis pelo raciocínio, afetando a tomada de decisões, julgamento e memória. Sua abstinência pode provocar depressão, isolamento, aumento de apetite e sono.

O *ecstasy* leva à dependência pela sua capacidade de deixar o usuário eufórico, e sua tolerância logo se estabelece.

9. Como reconhecer que uma pessoa está drogada?

Para reconhecer que uma pessoa está drogada, é preciso primeiramente observá-la sob alguns pontos de vista, para não fazer uma avaliação inadequada.

De longe, é possível perceber num dependente químico uma postura corporal diferente da habitual; ou está agitado demais ou quieto ou lento demais. Seus movimentos não são naturais. Quando anda, pode cambalear como se estivesse embriagado. Suas roupas, em geral, estão desleixadas, vestidas de qualquer jeito. Geralmente traz os cabelos descuidados.

De perto, já se percebe que a expressão facial do dependente químico é diferente da normal. Quando agitado e excitado, seus olhos brilham, ficam bem abertos e com os movimentos rápidos. Fala bastante, rapidamente e alto, como se estivesse com pressa. "Come" palavras, não se expressa claramente e não consegue parar para ouvir, falando junto com seu interlocutor enquanto o ouve – quando ouve. Gesticula muito e de modo brusco. Sua tendência é tornar-se agressivo se for contrariado. Quando quieto, seus olhos perdem o brilho, ficam semicerrados, piscam e se movimentam com lentidão. Fala bem menos, embolado e devagar. Dificilmente consegue acompanhar um diálogo comum, levando algum tempo para responder a qualquer coisa. Gesticula pouco, seus braços ficam pendurados e seus ombros caídos. Costuma não reagir quando solicitado, mesmo se estiver contrariado.

Bem de pertinho, o que mais se percebe é o cheiro da droga usada. O dependente químico pode lavar tudo, mas seus pulmões, nem ele nem ninguém consegue lavar. Mesmo disfarçando o cheiro, seu bafo (ar que vem dos pulmões) é indisfarçável. O usuário ainda exala o cheiro da droga algumas horas após tê-la ingerido.

Outra característica são as pupilas dilatadas (midríase) ou contraídas (miose), pois, em geral, a dimensão de suas pupilas é determinada pela droga que usou, nunca pela quantidade de luz existente no ambiente.

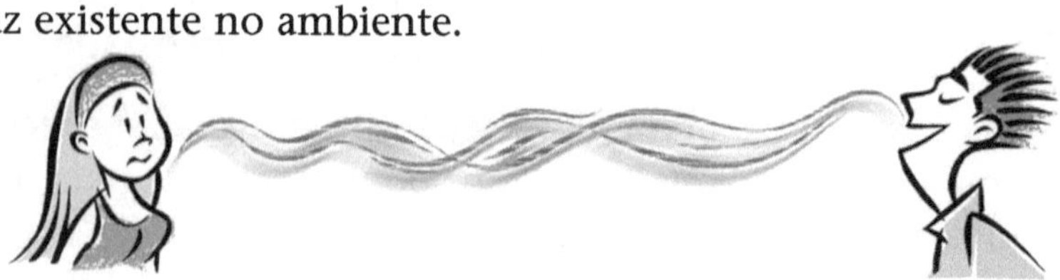

10. Qual é a droga mais pesada?

É bastante relativo o conceito de droga pesada, porque isso depende de muitas variáveis. Por exemplo: existem pessoas mais sensíveis a drogas que outras. Algumas são tão suscetíveis que quaisquer drogas, mesmo as que têm baixo poder viciante, levam ao vício.

Pensemos no cigarro. É uma droga leve para quem fuma ocasionalmente, mas pesada para outros que se angustiam só de pensar em ficar sem fumar. Alguns são mais resistentes e, mesmo se usarem, de vez em quando, drogas de alto poder viciante, como a cocaína, suportam passar sem ela muito tempo. Para essas pessoas, que é uma pequeníssima minoria, a cocaína pode ser considerada uma droga leve. Mas, para a maioria, a cocaína é de fato uma droga pesada.

Às vezes, os dependentes químicos consideram natural o uso de qualquer droga e mesmo as drogas pesadas passam a ser encaradas por elas como leves.

Para outros indivíduos, porém, o cuidado com a saúde e o pavor pelas drogas é tão grande que qualquer droga é considerada da pesada.

Apesar de todas as variáveis pessoais – poder viciante, fator viciável, medo, naturalidade etc. –, se num grupo de 100 pessoas fossem distribuídos *crack*, cocaína, maconha e bebidas alcoólicas, verificaríamos que mais de 90% ficariam viciadas em *crack*, 80%, em cocaína, 50%, em maconha, e menos de 50%, em bebidas alcóolicas. Portanto, podemos dizer que, de acordo com o poder viciante de cada uma dessas drogas, o *crack* e a cocaína são muito mais pesados que a maconha e as bebidas alcóolicas. (Desconheço estudos que apresentem o poder viciante quantificado dos inalantes, como cola de sapateiro, benzina, lança-perfume etc.)

Quanto ao risco de morrer de *overdose*, as drogas mais pesadas são efetivamente a heroína, o *crack* e a cocaína, que também provocam a incapacitação social com apenas poucos meses de uso. O álcool, porém, depois de ser ingerido durante anos, é a droga que mais incapacita as pessoas socialmente.

Enfim, qualquer droga oferece riscos, pois as reações bioquímicas provocadas por elas variam de organismo para organismo e não dependem do controle mental nem da vontade de cada um. Portanto, se você está pensando em experimentar seja lá qual droga for, saiba que está arriscando-se a receber um tiro no escuro – o que é muito pesado para qualquer um.

11. O que é *crack*?

Crack é uma mistura de cloridrato de cocaína (cocaína em pó), bicarbonato de sódio ou amônia e água destilada, que resulta em pequeninos grãos, chamados vulgarmente de pedras e que são fumados em cachimbos (improvisados ou não). É mais barato que a cocaína, mas, como seu efeito dura muito pouco, acaba sendo usado em maiores quantidades, o que torna o vício muito caro, pois seu consumo passa a ser maior.

Estimulante seis vezes mais potente que a cocaína, o *crack* provoca fortíssima dependência psíquica e leva à morte por sua ação fulminante sobre os sistemas nervoso central e cardíaco.

12. Quais são as reações do *crack* e o que ele provoca no organismo?

O *crack* leva 15 segundos para chegar ao cérebro e já começa a produzir seus efeitos:

✓ forte aceleração dos batimentos cardíacos;
✓ aumento da pressão arterial;
✓ dilatação das pupilas;
✓ suor intenso;
✓ tremor muscular;

- ✓ excitação acentuada;
- ✓ sensação de aparente bem-estar;
- ✓ aumento das capacidades física e mental;
- ✓ indiferença à dor e ao cansaço.

Mas, se os prazeres físico e psíquico chegam rápido com uma pedra de *crack*, os sintomas da síndrome de abstinência também não demoram a aparecer. Em 15 minutos, surge de novo a necessidade de inalar a fumaça de outra pedra, caso contrário chegarão inevitavelmente o desgaste físico, a prostração e a depressão profunda.

Estudiosos, como a farmacologista F. Varella de Carvalho, asseguram que "**todo usuário de *crack* é um candidato à morte**", porque a droga pode provocar lesões cerebrais irreversíveis por causa de sua concentração no sistema nervoso central.

13. O *crack* é uma droga mais forte que as outras?

É. As pessoas que o experimentam sentem uma compulsão (desejo incontrolável) de usá-lo de novo, estabelecendo rapidamente uma dependência física, pois querem manter o organismo em ritmo acelerado. As estatísticas do Denarc (Departamento Estadual de Investigações sobre Narcóticos de São Paulo) indicam que, em janeiro de 1992, dos 41 usuários que procuraram ajuda no Denarc, 10% usavam *crack* e, em fevereiro desse mesmo ano, dos 147 usuários, já eram 20%. Esses usuários, em sua maioria, têm entre 15 e 25 anos e vêm tanto de bairros pobres como de bairros ricos.

Como o *crack* é uma das drogas de mais altos poderes viciantes, a pessoa, só de experimentar, pode tornar-se um dependente químico. Ele não é, porém, uma das primeiras drogas que alguém experimenta. De modo geral, seu usuário já usa outras, principalmente cocaína, e passa a utilizar o *crack* por curiosidade, para sentir efeitos mais fortes, ou ainda por falta de dinheiro, visto que ele é bem mais barato por grama do que a cocaína. Todavia, como o efeito do *crack* passa muito depressa, e o sofrimento por sua ausência no corpo vem em 15 minutos, o usuário usa-o em maior quantidade, fazendo mais gastos ainda do que já fazia. Para conseguir então sustentar o vício, as pessoas começam a usar qualquer método para comprar a droga. Submetidas às pressões do traficante e do próprio vício, não conseguem ganhar dinheiro; partem, portanto, para a ilegalidade: tráfico de drogas, aliciamento de novas pessoas para a droga, roubos, assaltos etc.

14. Por que se injetam drogas na veia?

A injeção de drogas na veia é o método mais violento de ingeri-la. Não é uma ação natural, como comer, beber e cheirar, pois a pessoa tem de ferir o próprio corpo com uma agulha, procurar uma veia, perfurá-la e puxar para a seringa um pouco de sangue para verificar se realmente a agulha está dentro da veia. É uma agressão gratuita a um corpo sadio, pois uma injeção só se justifica quando serve para um tratamento de saúde.

A droga injetada na veia chega em poucos segundos ao cérebro e bem mais concentrada que uma droga que se cheira; portanto, seu efeito é também mais intenso. Mas, por ser eliminada muito depressa, seu usuário quer repetir a dose mais rapidamente. Frequentemente, a injeção é feita sem condições de higiene, provocando, em muitos casos, infecções na veia – chamadas flebites –, Aids, hepatite etc.

Quanto maior for o vício, maior será a necessidade da droga. E o dependente químico paga qualquer preço por ela.

15. Existem pessoas que forçam outras a tomar droga?

Dificilmente um traficante força alguém a usar uma droga. O que pode existir é uma certa pressão, sobretudo quando se está num mesmo ambiente, de quem já usa drogas sobre quem ainda não as usa. Socialmente, um tabagista costuma oferecer cigarro a quem está por perto, como um gesto de educação. Entretanto, não é educado fumar na presença de não tabagistas.

Pressão é, por exemplo, insistir que uma pessoa faça ou receba algo que ela se sente obrigada a aceitar. Essa insistência é inconveniente.

No caso dos adolescentes, porém, na maioria das vezes, são eles mesmos que procuram drogas. Assim, como um usuário não se sente bem usando drogas diante de um não usuário, este também se sente mal na presença de quem as usa, o que acaba ocasionando um distanciamento entre os dois. Acontece que, se um não usuário tiver necessidade de pertencer a um grupo de dependentes químicos, ele mesmo irá em direção às drogas. E fará isso exatamente para não se sentir isolado, sem, no entanto, perceber que está se afastando de outro grupo, o dos não usuários.

Em geral, os usuários insistem para que os não usuários que fazem parte de sua turma usem drogas, a fim de não se sentirem diferentes, isolados ou até mesmo errados. Estando todos no mesmo barco, ninguém pode criticar ninguém.

16. As drogas só são injetáveis no braço?

Não. De tanto se picarem, os dependentes químicos de drogas injetáveis acabam inutilizando as veias dos braços, tendo de buscar outras veias, como as jugulares (veias do pescoço), as frontais (da testa), as veias das pernas etc. Em alguns casos, para esconder o uso das drogas, eles utilizam as veias do pênis e do escroto.

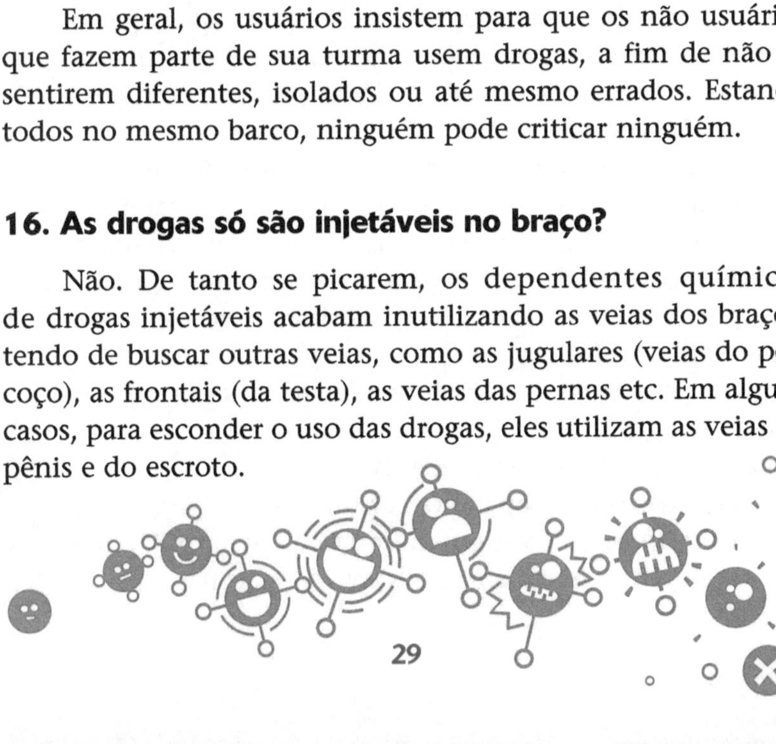

17. Onde ficam as melhores terras, no Brasil, para cultivar maconha?

A *Cannabis sativa* ou maconha é um arbusto que se adapta muito bem em terras quentes e úmidas. No Brasil, cultivam-na, clandestinamente, ao longo do rio São Francisco, principalmente em suas pequenas ilhas, e em todo o Nordeste do país há muitas plantações de maconha. Para protegerem suas flores do sol, as plantas adultas produzem uma resina protetora, rica em THC (tetraidrocanabinol), que é uma das substâncias mais ativas no cérebro de quem as fuma. Daí a importância de muita luz (natural ou artificial) para o cultivo da maconha.

18. Quem cheira cola geralmente é uma pessoa pobre?

Sim, porque a cola de sapateiro é uma droga facilmente encontrada e barata e um de seus efeitos é diminuir a dor, o frio e a fome, sensações pelas quais passa geralmente uma pessoa pobre, de rua. Ela é consumida em qualquer lugar, mesmo em local público, como na praça da Sé, centro de São Paulo.

Dentre os solventes, é uma das drogas mais comuns, sobretudo entre os meninos de rua. Mas existem também adolescentes de classes sociais mais elevadas que cheiram cola de sapateiro. Eles começaram não por necessidade, mas por simples curiosidade e acabaram tornando-se dependentes químicos.

Muitos procedimentos foram realizados para diminuir os perigos da inalação da cola de sapateiro, como o de adicionar sabores desagradáveis a ela.

Além da cola de sapateiro, constatou-se também que, há poucos anos, os jovens começaram a cheirar B25, que é a cola sintética, usada em trabalhos manuais nas escolas.

19. A cola de sapateiro faz mal?

Faz muito mal, porque, entre tantas substâncias existentes na cola, há o **tolueno**, que é tóxico e destrói os neurônios, diminuindo a capacidade intelectual e limitando, desse modo, a memória, a atenção, a concentração, o ânimo e a produtividade. Um estudante, por exemplo, não consegue mais estudar; repete de ano e acaba abandonando os estudos. Há alguns anos, um rapaz de família rica estava cheirando cola em seu quarto, quando desmaiou em cima da droga, continuando, assim, a aspirá-la de maneira incontrolada; acabou morrendo porque os centros nervosos responsáveis pela respiração pararam de funcionar.

É preciso estar atento aos perigos da cola de sapateiro, pois, como se trata de um solvente, evapora-se facilmente e pode ser inalada de modo acidental. Mas, por acidente ou não, numa intoxicação aguda, seus sintomas aparecem em quatro fases. É bom conhecê-las:

1.ª fase: euforia, excitação, tonturas, perturbações auditivas e visuais, náuseas, espirros, tosse, salivação, fotofobia e rubor na face.

2.ª fase: depressão inicial do sistema nervoso central com confusão, desorientação, perda do autocontrole, obnubilação (visão embaçada e nebulosa), diplopia (visão dupla), cólicas abdominais, dor de cabeça e palidez.

3.ª fase: depressão média do sistema nervoso central, incoordenações ocular e motora, ataxia, fala pastosa, reflexos deprimidos e nistagmo (movimento rápido e involuntário do globo ocular).

4.ª fase: depressão profunda do sistema nervoso central, atingindo a inconsciência, que vem acompanhada de sonhos estranhos, podendo ocorrer convulsões.

Nos casos **crônicos**, surgem prejuízos na memória, na destreza manual (alteração na reação aos estímulos), cansaço, dor de cabeça, confusão mental, incoordenação motora, fraqueza muscular, quedas (provocadas por lesão dos nervos motores), lesões irreversíveis no córtex cerebral e lesões nos brônquios e nos rins.

20. Como é cheirar lança-perfume?

Lança-perfume é uma mistura de clorofórmio, éter, cloreto de etila e um pouco de essência perfumada inofensiva. É embalado em forma líquida, pressurizado dentro de um vasilhame e, quando entra em contato com o ar, evapora-se rapidamente, exalando um gás, que é o que as pessoas aspiram.

O lança-perfume era uma brincadeira dos antigos carnavais: esguichava-se o produto nos outros, causando, por segundos, uma gostosa sensação de "geladinho". Por ser lançado e perfumado, ganhou o nome lança-perfume.

Com o tempo, porém, o costume de cheirá-lo tornou-se um vício: em vez de ser lançado nos outros como brincadeira, passou a ser esguichado em lenços, que as pessoas levam ao nariz para aspirá-lo.

Na falta do lança-perfume – quando acabava o carnaval ele sumia do mercado –, foi descoberto o **quelene**, um anestésico local, também à base de cloreto de etila, facilmente encontrado nas farmácias.

Em pequenas doses, o lança-perfume e o quelene provocam euforia e torpor. Em doses maiores, podem provocar tonturas, falta de coordenação motora, voz pastosa, andar cambaleante e desmaio. Esses desmaios duram pouco e, quando a pessoa volta a si, não se lembra do que se passou.

Ao exalar grande quantidade dessas drogas, a pessoa pode morrer de parada cardíaca, provocada pelo clorofórmio ou pelo cloreto de etila. Um cardíaco raramente resiste à taquicardia ocasionada pelo lança-perfume e pelo quelene, portanto sua possibilidade de morrer é ainda maior.

Após muitas mortes por parada cardíaca, decorrentes do abuso dessas drogas, o governo brasileiro, por volta de 1965, proibiu sua fabricação.

Entretanto, atualmente, o lança-perfume é usado em qualquer época do ano, pois, devido à elevação do consumo, aumentaram também sua produção e sua distribuição. Mas podemos pensar o inverso: com o aumento da produção, o consumo extrapolou o do período de carnaval.

21. Qual é o efeito da heroína?

Quando se constatou que a morfina, usada como analgésico, produzia vários efeitos colaterais e viciava seus usuários, os laboratórios, através de pesquisas, descobriram uma substância: a **heroína**. Como analgésico e para suprimir a tosse, a heroína era de três a cinco vezes mais eficiente que a morfina, mas apresentava um grave problema: criava muito rapidamente dependências física e psicológica. Por isso, a Organização Mundial de Saúde (OMS) proibiu sua fabricação, donde se conclui que toda heroína existente é fabricada ilegalmente.

A heroína provoca euforia, seguida de uma sonolência, que leva à prostração e à improdutividade, com depressão respiratória, pupilas contraídas e náuseas. Com o uso repetido, a pessoa perde a fome, deixa de se cuidar e, entregue ao vício, em semanas, torna-se socialmente imprestável, além de acabar com a própria saúde.

Altamente viciante, a heroína provoca dependência física e tolerância de uma a duas semanas de uso continuado. É ingerida preferencialmente por vias endovenosas, embora seja também aspirada ou fumada. Nas primeiras experiências, usam-se de 2 a 8 mg, mas, com o tempo, os dependentes químicos atingem os 450 mg para escapar da síndrome de abstinência, ou seja, necessitam de injeções a cada 4 ou 6 horas para não sentir cólicas intensas, ter diarreia e vômitos (com consequente desidratação e perda de peso), irritabilidade, angústia, dores pelo corpo, letargia, apatia, mal-estar generalizado e medo.

Desse modo, a heroína passa a ser usada como alimento do vício, isto é, o indivíduo precisa da droga mais para não sentir os sintomas de sua ausência do que para curtir seus efeitos. O heroinômano, então, entrega-se a todos os tipos de crimes (roubo, assalto, homicídio) com o objetivo de obter dinheiro para comprar sua droga. Geralmente, ele acaba morrendo cedo por causa de infecções (septicemia, tétano, gangrena, tuberculose, Aids etc.) ou pelo envolvimento com os traficantes.

22. Cheirar benzina é o "fim da linha"?

Se o "fim da linha" significa que não se consegue mais largar a droga ou que se pode morrer por causa dela, não somente a benzina é o "fim da linha", mas também todas as drogas o são, pois os usuários, com forte dependência psicológica e/ou física, dificilmente conseguem largar o vício, seja qual for a droga usada.

Devemos ter em mente que o vício nunca acaba, ele só adormece dentro do dependente químico. Conforme a profundidade desse sono e também dependendo dos estímulos, ele pode acordar muitos anos depois, e o viciado funcionar como se nunca tivesse parado de usar a droga.

As drogas mais perigosas, com maiores possibilidades de risco mortal pela *overdose*, ou seja, que matam por parada cardíaca e/ou respiratória, são o *crack*, a cocaína e a heroína, porque os usuários morrem durante seu uso.

Entretanto, todas as drogas podem levar à morte, e a morte é o "fim da linha". Alcoólatra crônico, por exemplo, pode morrer de cirrose hepática (destruição do fígado), pancreatite (destruição do pâncreas), miocardite (coração) etc., porque o álcool ataca impiedosamente todo o organismo. A benzina, a cola de sapateiro, o éter e todos os produtos que evaporam e são inalados podem levar a lesões irreversíveis do córtex cerebral (morte de neurônios), da medula óssea, dos brônquios e dos rins, além de provocar a parada de centros respiratórios e cardíacos, levando consequentemente seus usuários à morte. Qualquer um que tiver seu estado de consciência alterado pelo uso de drogas pode ainda provocar um acidente, sobretudo de automóvel, e morrer.

Embora a maconha e o cigarro não levem à morte por *overdose*, provocam o câncer, que mata. Em março de 1992, os jornais de São Paulo registraram que um usuário de maconha ficou devendo o equivalente a 70 dólares a um traficante, que mandou um menino de rua cobrar. Caso não recebesse, a ordem era matar o usuário devedor. Como o devedor não tinha dinheiro para quitar a dívida, foi assassinado pelo menor. Perdeu a vida por uma mixaria. Mixaria porque qualquer vida vale muito mais que 70 dólares – uma vida, aliás, não tem preço.

23. Por que uma pessoa passa de uma droga para outra?

São basicamente quatro os motivos:

1) A droga em uso já não satisfaz mais. O corpo pode se acostumar com determinada droga, que passa a não produzir mais os mesmos efeitos que produzia ao ser ingerida pelas primeiras vezes. Parece, então, que a droga ficou mais fraca: é o processo da **tolerância**, isto é, o organismo passa a tolerar mais a droga, e as sensações corporais diminuem, tornando-se insatisfatórias. A memória corporal, então, que havia gravado no organismo as sensações mais fortes, estimula a busca daquilo que sentia antes, levando o usuário a aumentar as doses ou substituir a droga por outra que considere mais forte. É por isso que as drogas que apresentam tolerância são viciantes.

2) Acabou a droga. Quando o usuário não encontra mais a droga que deseja, por não estar à mão na hora em que quer ou por não encontrá-la mais no mercado, ele pode recorrer a outra. Há alguns anos, por exemplo, faltou maconha por causa da entressafra, e os canabistas tinham dificuldade de encontrá-la, pois não existiam tantas plantações como hoje. Os traficantes, oportunistas, ofereciam, então, outras drogas como opção, principalmente a cocaína.
3) Associação (mistura) de drogas. O efeito indesejado da cocaína é a agitação psicomotora, muito incômoda ao usuário. Essa agitação não o deixa parar quieto nem o deixa dormir, podendo durar horas. Para diminuí-la, é comum o usuário tomar bebidas alcoólicas ou tranquilizantes. As pessoas que tomam psicoestimulantes (bolinhas) também costumam misturá-los com calmantes: o primeiro "liga", o segundo "desliga".
4) Curiosidade. Um usuário de drogas diminui, quando já não perdeu, sua capacidade de autopreservação. Para ele, uma droga a mais não faz diferença em seu critério de valores. Portanto, qualquer novidade que surja no mercado das drogas, ele vai experimentar. Até chegar ao *crack* e adquirir um vício muito mais forte que o anterior. Do mesmo modo, um tabagista, que por curiosidade experimenta maconha, pode viciar-se. Aliás, 80% dos canabistas começaram pelo tabagismo. Desses, muitos continuam com os dois vícios: maconha e tabaco. Outros até abandonam o tabagismo, mas não desistem do canabismo.

24. É muito difícil largar um vício?

É, sobretudo para os usuários de drogas, que criam essa forte dependência física, pois, ao pararem de usá-las, sofrem a síndrome de abstinência.

A morfina é uma das drogas que mais provocam essa síndrome. Quando um morfinômano para subitamente de usar morfina, ele apresenta, de modo geral, os seguintes sintomas: incontrolável desejo de uma nova dose (submete-se a pagar qualquer preço para consegui-la), coração acelerado, baixa pressão arterial, aumento de salivação, fortes dores abdominais, angústia sufocante, ansiedade, agitação psicomotora e sensação de morte iminente. Não bastasse esse sofrimento todo, o morfinômano pode entrar em coma e morrer.

O álcool também pode provocar a síndrome de abstinência, sendo a ressaca, que sucede a bebedeira, uma síndrome fraca. A mais forte é o *delirium tremens*, que acontece com o alcoólatra crônico. Nesse caso, ocorrem intensos tremores no corpo todo, perda da noção de tempo e espaço, alucinações (insetos andando pelo corpo, por exemplo), delírios e convulsões que podem levar ao coma e, consequentemente, à morte.

Os usuários que já apresentam a síndrome de abstinência acabam usando a droga não mais pelo vício, mas porque não suportam os sofrimentos causados pela falta dela.

As drogas que criam **dependência psicológica** também provocam sofrimento ao indivíduo que quer deixá-las. Esses sofrimentos são de ordem psicológica, como ansiedade, angústia e frustração por não poder suportar a falta da droga etc. Tudo isso pode levar uma pessoa a tornar-se agressiva, impulsiva, instável, irritável e, frequentemente, a entrar em depressão profunda.

O essencial para largar um vício é a **vontade** do dependente químico. Ninguém se cura de qualquer vício se não se empenhar, pois isso depende única e essencialmente da pessoa. Entretanto, é muito natural o usuário não conseguir parar sozinho e precisar da ajuda de terceiros. E, mesmo que tenha conseguido parar, o problema não acaba facilmente, porque o corpo "pede" aquilo a que estava acostumado. É necessário, portanto, sufocar o desejo (físico ou psíquico) de "oferecer" a droga ao organismo.

Nessa luta contra o vício, o indivíduo vive um grande conflito entre seu **desejo** pela droga e a **atitude de não usá-la**, que ele mesmo se impõe. Ou seja, o corpo quer e a mente impede. É importante, nesse momento, afastar-se das situações que aumentam o desejo, pois, quando um ex-dependente químico vê a possibilidade de usar novamente a droga, sua vontade cresce. Quanto maior for o vício, maiores as condições de aumentar o desejo. Não é recomendável, por exemplo: conversar sobre drogas; ver, cheirar, tocar em drogas; aceitar convites de amigos para se drogar; ver alguém usando drogas. Melhor mesmo é estar com os que também lutam para largar a droga, a fim de trocar ideias, compartilhar as dificuldades e vitórias, dar força mútua num momento de tanta fragilidade e, acima de tudo, para ter a sensação de navegar num mesmo barco, de não estar só e solto no mundo.

Aqui vai um exemplo real. É a história de um rapaz que tentava largar a maconha. Sozinho, em meio às suas atividades, nem pensava na droga. Bastava, porém, encontrar acidentalmente um colega canabista que já lhe voltava um desejo irresistível de "canabizar". Quando ia à praia, onde costumava surfar e "canabizar", também sentia vontade. Aquela praia, o surfe e as lembranças tornavam imperativo o ato de fumar maconha.

Entretanto, a não ser a morte, nada segura o ser humano quando ele quer mudar. Com boa autoestima e forte motivação, armado pela sua inteligência e criatividade, contando com a ajuda de especialistas e seus recursos, não há ser humano que não supere seu vício.

25. O que é LSD?

LSD é uma sigla da palavra alemã *Lysergsäure-Diäthylamid*, que designa um potente alucinógeno, popularmente conhecido como ácido lisérgico. Seus principais efeitos são as alterações sensoperceptoras, principalmente as visuais, ou seja, ilusões e alucinações. Funciona como se houvesse um desarranjo no funcionamento dos neurônios, estabelecendo conexões impossíveis, se comparadas àquelas de quem está em estado de lucidez. É o caso da sinestesia entre audição e visão, isto é, trocam-se as percepções do sentido visual com o do auditivo: "escuta-se uma cor" e "vê-se um som".

Quando é atingida a área psíquica responsável pelo julgamento (crítica), o usuário acredita que sua alucinação é verdadeira; para ele, o objeto existe realmente. Passados os efeitos do alucinógeno, a pessoa volta a "funcionar" normalmente.

O ácido lisérgico foi acidentalmente descoberto pelo cientista suíço Albert Hoffmann, que o sintetizou em laboratório. Talvez seja a substância que mais atua no cérebro: de 20 a 50 milionésimos de grama já são suficientes para produzir alterações mentais, como delírios, ilusões e alucinações, que duram de 4 a 12 horas.

O LSD também provoca efeitos orgânicos – dilatação das pupilas, aumento da pressão arterial, taquicardia, tremores, náuseas, hiper-reflexia, fraqueza muscular e aumento de temperatura – além dos efeitos psicológicos.

Todos esses efeitos variam e dependem da personalidade e da sensibilidade de cada um, do ambiente, da dose, da expectativa etc. As reações psíquicas, exuberantes e variadas, geralmente são agradáveis ("viagem legal"). Mas podem ser muito desagradáveis, com visões terrificantes, sensações de deformações corporais, delírios persecutórios (mania de perseguição) e sensação de morte iminente. São as "viagens ruins".

Os alucinógenos não produzem dependência física nem provocam a síndrome de abstinência, pois suas ações químicas têm fraco poder viciante. Eles, porém, viciam psicologicamente as pessoas propensas ao vício em qualquer droga.

26. As bolinhas também causam alucinação?

As bolinhas são comprimidos sintéticos de psicoestimulantes, isto é, são fabricadas em laboratórios farmacêuticos. A mais conhecida delas é a **anfetamina.**

Os psicoestimulantes, de modo geral, deixam as pessoas mais despertas, fazem-nas perder o apetite e sentir pouco cansaço – sensações que desaparecem várias horas depois, quando a droga é metabolizada. É comum a depressão. Então, uma nova dose é ingerida, e a pessoa torna-se novamente hiperativa.

Com dosagem excessiva, pode-se ficar agressivo, com delírios persecutórios, sudorese, vertigens, dores de cabeça, taquicardia e hipertensão arterial (que pode levar ao colapso). Pode ocorrer, ainda, hipertermia (febre alta), que, quando não combatida, leva à convulsão.

Como a anfetamina produz rapidamente a tolerância, seu usuário precisa de doses cada vez maiores, estabelecendo uma dependência muito mais psicológica do que física.

A anfetamina pode ser usada por esportistas que desejam melhorar **artificialmente** seu desempenho. Após ser ingerida, ela é metabolizada pelo fígado, e seus resíduos inativos são eliminados pela urina. É por isso que se analisa a urina dos atletas no chamado exame *antidoping*. Com esse exame, é possível detectar ou não a presença dessas substâncias no organismo.

A gíria "dar uma bola" significa dar uma tragada num cigarro de maconha, e nada tem que ver com as bolinhas.

27. Beber cerveja é um vício?

Depende do bebedor. Há jovens que acham que cerveja não é bebida alcoólica. Existe a cerveja sem álcool, mas são poucos os que a tomam. Mesmo que a bebida tenha um baixo teor alcoólico, como cerveja, vinho, champanha, ela é alcoólica.

Em consultas, já foram atendidos jovens que não paravam de beber enquanto não chegassem a sua quota de mais de 10 latinhas de cerveja. São dependentes mesmo que não se considerem.

O nosso organismo tem capacidade de metabolizar bem de dois a três copos de cerveja por dia, pois o fígado metaboliza 25 g de álcool absoluto por hora (quantidade encontrada em uma garrafa de cerveja ou em uma dose de uísque). Por isso, não adianta deixar de beber cerveja durante vários dias para beber tudo de uma vez, porque, acima da quantidade citada, já se sobrecarrega o organismo, e o mal vem com as repetições das sobrecargas. Quem não bebe pode achar que dois ou três copos de cerveja são o bastante, mas, para quem gosta de cerveja, isso é muito pouco.

Quando uma pessoa se reúne com outras para bater papo em torno de uma mesa de bar, consumindo cerveja, ela pode perder o controle de quanto bebeu. De duas a três garrafas é uma quantidade comum. E, mesmo com essa quantidade, o nível alcoólico no sangue pode ser baixo, se o consumo for lento e acompanhado de algum alimento (petiscos, por exemplo). Nocivo mesmo é quando o bebedor, querendo atingir um nível alcoólico mais alto que o produzido pela cerveja, bebe também uma dose de algo mais forte. Ele já não é mais um apreciador de cerveja, e sim um dependente alcoólico.

O álcool não metabolizado é tóxico ao fígado e o destrói, apesar da grande capacidade de regeneração desse órgão, pois, com o tempo, sua fragilidade aumenta, até ser destruído definitivamente (a pessoa sofre de cirrose hepática).

É importante ter em mente que, em geral, o que o bebedor sente da bebida é a parte que já foi absorvida pelo sangue, restando ainda uma parte no aparelho digestivo que ainda não foi absorvida. Portanto, mesmo que o bebedor pare de beber, a absorção do álcool continua acontecendo; logo, os sintomas tendem a piorar. Isso significa que, se o bebedor resolver parar de beber somente quando começar a sentir alguma coisa, já é tarde, porque a absorção vai continuar. A solução é parar de beber antes de os sintomas aparecerem.

É preciso ter muita força de vontade e segurança para parar de beber cerveja enquanto ainda se tem o controle sobre ela e ignorar possíveis gozações provocativas dos colegas de bar.

"A humanidade vem bebendo cerveja há pelo menos 74 séculos", segundo estudos do arqueólogo americano Jeremy Geller. O Brasil produz 24,8 milhões de litros diários, o que lhe garante o quinto lugar no *ranking* mundial de produtores de cerveja e chope (IBGE, 2001). Portanto, temos cerveja à vontade; e a cada um caberá controlar-se para não se tornar um dependente alcoólico.

28. Por que surgem tantas drogas novas?

Porque existem pessoas inescrupulosas que fazem qualquer negócio para ganhar dinheiro. Dentre essas pessoas que lucram com as drogas, há as que **traficam**, as que **aliciam** novos adeptos e as que **produzem** as drogas. Obviamente, nenhuma delas valoriza a vida humana, só os lucros materiais.

Nos Estados Unidos, as drogas ilegais precisam estar catalogadas para serem apreendidas. Por isso, lá existem os ***drugs designers***, cientistas, em geral bioquímicos, cujo trabalho é modificar a estrutura molecular de uma droga sem que ela perca seus efeitos. Assim, eles criam drogas, que são disseminadas pelos poderosos traficantes. Enquanto essas drogas são espalhadas e consumidas, a polícia ainda precisa saber qual a alteração que elas sofreram, para, depois de catalogá-las, considerá-las ilegais e começar a combatê-las.

Não bastassem aquelas produzidas pelos "especialistas", há também as drogas de fabricação doméstica: aquelas que cada usuário descobre em função de sua necessidade, curiosidade ou acidentalmente e que são logo divulgadas entre os outros usuários. Com os adolescentes acontece a mesma coisa, pois, como é sua característica andar em grupos, querer fazer o que o amigo está fazendo, abrir-se a novas experiências e trocá-las com outros novos companheiros, essas drogas são rapidamente difundidas.

Em 26 de março de 1992, a *Folha de S.Paulo* noticiou:

> *"SUPER-HEROÍNA" INVADE OS ESTADOS UNIDOS*
> *Fentanyl, droga usada contra o câncer, é até três mil vezes mais poderosa do que a heroína*
> *Trata-se de uma droga sintética, cuja "viagem" dura no mínimo três dias. John Burke, xerife de Albany, Nova York, avalia que o Fentanyl já está tomando conta das ruas dos Estados Unidos e pode ser para a heroína o que o* crack *é para a cocaína: de efeito mais devastador e aquisição mais fácil.*

Em maio de 1992, a Rede Globo de Televisão, em seu programa *Fantástico*, noticiou o uso de uma nova droga sintética na Europa: *ecstasy*. Vendida sob a forma de comprimidos, seu efeito de "intensa felicidade" é altamente viciante.

Em 2003, o *ecstasy* é a droga mais usada nas *raves*, festas com música *techno* que atravessam a madrugada e continuam no dia seguinte.

29. Como se adquire um vício?

O vício é algo traiçoeiro que no começo agrada às pessoas e depois as aprisiona.

Tomemos como exemplo o tabagismo (vício de fumar cigarros) por ser um dos mais comuns e o mais conhecido. Não há quem não tenha um parente, um amigo ou um colega tabagista, que fuma às vezes em sua presença. Assim, todos crescem convivendo passivamente com esse vício e, consciente ou inconscientemente, registram na memória inúmeras cenas: imagens de pessoas queridas – parentes, professores, amigos e ídolos – fumando; filmes e novelas com fumantes etc.

Uma da fases iniciais do vício é aquela em que se forma o **papel imaginário de fumante**: a pessoa imagina-se fumando, como se estivesse brincando com a ideia de fumar um cigarro. Imagina como segurá-lo, como levá-lo à boca e, às vezes, imita alguém que fuma. Porém, nem todos que passam por isso ficam viciados, mas todos os dependentes químicos já passaram por essa fase.

Depois vem a **experimentação**. Há pessoas que, apesar de formarem o papel imaginário, abandonam a ideia por não se encaixarem no "filme" do fumante. Outras, entretanto, aprimoram a imaginação com dados mais concretos: quando, como, com quem e qual cigarro. Quanto mais elementos palpáveis forem armazenados no papel imaginário, mais próxima está a pessoa da experimentação, ou seja, da realização do que tanto imaginou.

Quando a experimentação não agrada, porque provocou males físicos, como tonturas, dor de cabeça, náuseas, taquicardia etc., ou porque não trouxe gratificação psicológica nenhuma, em geral, a pessoa não prossegue no tabagismo. Se, porém, mesmo passando fisicamente mal, julgar que psicologicamente foi bom, a pessoa pode querer repetir a experiência. E repetir a experiência é um forte indício de que vai ficar viciada. Há pessoas que fazem uma experiência para satisfazer sua curiosidade, mas, quando repetem várias vezes a mesma experiência, é porque estão buscando algo, e é aí que reside o perigo do vício. Aceita um cigarrinho aqui, outro ali e isso já não é mais experimentar, é usufruir de alguma coisa já experimentada, conhecida.

É com esse espírito de **aventura** – não saber quando e qual o cigarro que vai fumar – que a pessoa entra na terceira fase, a de fumar o **se-me-dão**. É aqui que o aventureiro apura seu gosto e estabelece para si a marca de cigarro que mais lhe agrada. Uma vez estabelecida a sua apetência, a pessoa compra seu primeiro maço de cigarros, o que significa não mais depender dos outros para satisfazer-se.

Em seguida, entra na quarta fase, que é o **hábito**. O

fumante passa a ter controle do cigarro, do horário e das circunstâncias em que vai fumar.

Nessa fase, é muito pequena a diferença entre o hábito e o vício, pois só com o hábito já se percebe o desejo de portar o próprio maço de cigarros, ainda que não queira fumar ou fumar apenas com certa regularidade: após um cafezinho, numa situação mais tensa etc. E o fumante costuma dizer que não é dependente químico, que para quando quiser, que consegue dar um tempo, mas isso serve apenas como argumento para convencer-se e dizer que tem o controle sobre o cigarro e que não está entregue a ele.

Na maioria das vezes, esse comportamento indica falta de segurança. A pessoa precisa dizer isso para provar a si mesma que fala a verdade. Se ela se comportar dessa maneira é porque, no mínimo, suspeita de que está viciada. E se há suspeitas, já está viciada ou está prestes a ficar. Existem dependentes químicos que pensam administrar seu vício como se fosse um hábito, na tentativa de aliviar sua gravidade.

A quinta fase é realmente o **vício**, e a pessoa admite-o. Ela já sabe que não consegue ficar sem fumar. Sua autoestima e vaidade pessoal foram derrotadas pelo cigarro, que, agora, faz parte ativa da sua vida e está incluído em tudo o que faz, mesmo sabendo que provoca tosse, principalmente de manhã, pressão alta, grande risco de câncer de pulmão, dificuldades respiratórias. A família pode insistir para que a pessoa pare de fumar ou o médico lhe recomendar isso; o dependente químico, porém, continua fumando, porque o cigarro o domina. A primeira tragada, que começou como uma experiência e uma satisfação, tornou-se um vício, com problemas e sofrimento.

Em geral, é dessa maneira que as pessoas tornam-se viciadas também em outras drogas. (Para mais detalhes, ver a resposta 36.)

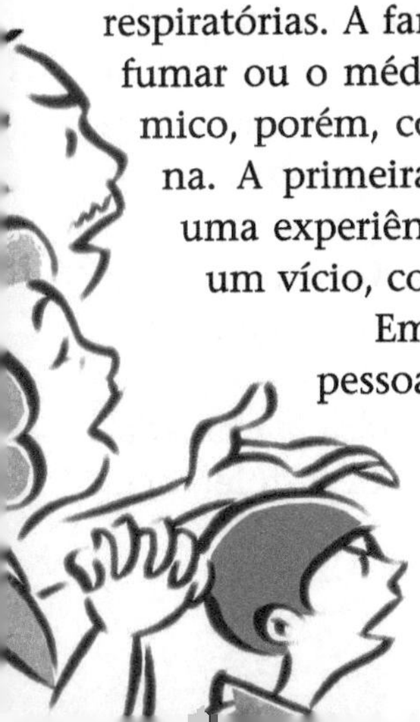

30. Por que as drogas viciam?

As drogas viciam, basicamente, por três motivos: provocam sensações diferentes (prazer), apresentam tolerância e existem no mercado.

Há pessoas que gostam de sensações diferentes, entendendo que são prazerosas. Há também drogas que estimulam os centros nervosos responsáveis pelo prazer e que provocam sensações de prazer. Se as pessoas, ao usarem a droga, tivessem somente sensações desagradáveis – mal-estar físico, angústia e sofrimento –, não mais repetiriam tais experiências. Conheço adolescentes que, ao experimentarem maconha pela primeira vez, passaram tão mal, física e psicologicamente, ou seja, tiveram uma "viagem ruim" (*bad trip*), que nunca mais voltaram a fumá-la. Quando as pessoas estão satisfeitas consigo mesmas, não precisam buscar sensações diferentes e correr riscos desnecessários.

De tanto usar drogas, o organismo, com o tempo, acostuma-se (cria tolerância), e o usuário precisa de doses cada vez maiores para sentir os mesmos efeitos que sentia antes. Isso porque o corpo aprende a metabolizar mais depressa a droga e também porque as primeiras sensações parecem ser bem mais intensas do que as seguintes. Elas ficam tão familiares que a pessoa nem percebe direito o que está sentindo, o que se alterou. É como dirigir um carro numa rodovia. Quem está acostumado a andar a 100 km/h acha natural essa velocidade e estranhará se passar para 150 km/h, pois as sensações e as referências tornam-se bem diferentes. Mas logo que se tenha acostumado, o motorista atingirá os 160 km/h e, com o tempo, achará essa velocidade tão natural como se estivesse a 100 km/h. Caso queira manter essas emoções, o motorista terá novamente que aumentar a velocidade.

Existe ainda, no mundo das drogas, a **tolerância cruzada**, isto é, o uso continuado de uma droga estabelece tolerância não somente em relação a ela, mas também a outras drogas. É o caso do cocainômano, que desenvolve tolerância à cocaína e também ao álcool.

Se não existissem drogas, não existiriam dependentes químicos. Se um viciado em determinada droga não puder mais comprá-la, porque ela sumiu do mercado, simplesmente não terá o que consumir. Nesse caso, ele para com o vício ou o substitui. Em geral, a segunda opção é a escolhida.

Com os avanços nos estudos neurobioquímicos, hoje se sabe que as drogas entram no circuito da recompensa do funcionamento dos neurotransmissores existentes nas sinapses neuronais. Para maiores detalhes, leia o livro de minha autoria *Anjos caídos: como prevenir e eliminar as drogas na vida do adolescente*, da editora Gente.

31. Por que as pessoas ficam viciadas?

A resposta 1 trata dos adolescentes que se drogam. Aqui vamos falar de alguns fatores mais específicos que podem levar uma pessoa a se drogar. Comecemos pelo conceito de **personalidade aberta**, que é uma alteração resultante de falhas cometidas com uma criança na primeira infância, quando se inicia o desenvolvimento de sua personalidade.

Uma criança com personalidade aberta torna-se superdependente de um adulto – a primeira figura é a da mãe, seguida depois de outros familiares como pai, tios, irmãos mais velhos, empregadas. Sem a mãe ou sem a presença de alguém em quem confia, ela entra em pânico, fica totalmente perdida, angustiada. Para existir, precisa dessas pessoas.

Quando vai à escola, vê na professora a figura que substitui sua mãe, e a criança comporta-se normalmente, desde que tenha "sua" professora sempre por perto. À medida que cresce, troca suas figuras importantes, e mesmo um colega de classe pode exercer o papel da figura asseguradora de que tanto precisa.

Uma criança com personalidade aberta não é autossuficiente. Ela não consegue brincar ou ficar sozinha como uma criança normal, que aos poucos adquire autossuficiência. Para se sentir bem e inteira, ela precisa de um **complemento**, seja a mãe ou outra figura que a substitua.

Quando chega à adolescência, que é um segundo parto, isto é, renascer – sair da família para a sociedade, sair da dependência familiar infantil para a independência psicológica juvenil –, o adolescente com personalidade aberta não quer mais depender dos adultos em geral e procura enturmar-se com outros adolescentes. E, como sua autoestima não lhe permite "grudar" em outro adolescente, apesar de sua personalidade continuar aberta, ele vai procurar uma complementação, que tanto pode ser um fanatismo ideológico (pertencer a uma tribo, a uma torcida uniformizada etc.) ou ficar dependente de uma droga. Uma personalidade aberta apega-se a tais complementos como se fosse a mãe naqueles momentos de pânico infantil. Se o complemento for uma droga viciável, a vulnerável personalidade aberta logo faz dessa pessoa um dependente químico.

Mesmo que uma pessoa não tenha a vulnerabilidade da personalidade aberta, se ela teimar em usar uma droga, poderá acabar viciada. Os motivos dessa **insistência** podem ser os mais variados (por exemplo, insegurança, brincadeira, autoafirmação, necessidade etc.), porém o resultado será o mesmo: o vício. Geralmente ninguém gosta da primeira experiência de fumar, mas acaba acostumando-se e depois gostando, de tanto insistir.

Outro fator que pode levar uma pessoa ao vício é o que se baseia nos conceitos freudianos do **instinto de vida** e do **instinto de morte**. Para Freud, o ser humano está continuamente submetido a esses dois instintos. Quem quer viver de forma saudável, automaticamente, toma atitudes que priorizam o instinto de vida (alimentar-se, ter vida sexual, lutar pela felicidade de todos os que ama, preservar-se contra riscos desnecessários etc.).

Somente quem não "está bem" com a vida é que se deixa levar pelo instinto de morte. Isso não significa ter apenas atitudes suicidas e querer acabar com a própria vida. Significa não preservar a vida (arriscar-se desnecessariamente, pouco fazendo para se preservar; experimentar drogas; viver machucando-se; só procurar se divertir, bebendo e farreando, sem estudar e trabalhar, sem se preocupar com o futuro). É como se a pessoa não gostasse de si mesma e ficasse continuamente bombardeando-se com cargas negativas, deixando-se morrer aos poucos.

A **frustração** também pode contribuir para o indivíduo tornar-se um dependente químico. As perdas, as rejeições, as humilhações e as injustiças são alguns dos inúmeros sentimentos que nos levam a ficar frustrados, e não há quem goste disso. Entretanto, existem pessoas que **não suportam frustrações** e, em vez de enfrentá-las, tudo fazem para desviar-se delas. Quando essas pessoas usam drogas, exatamente para não ter o sentimento da frustração, elas conseguem distorcer a realidade e enxergar só o que querem, porque entram no prazer químico das drogas; mas se esquecem de que sentirão ainda mais frustrações, provocadas pelo círculo vicioso: frustração/droga/frustração.

Quanto à **hereditariedade**, isto é, a predisposição genética e biológica ao vício, o que se tem são controvérsias. As apetências podem ser genéticas: filhos podem gostar do mesmo sabor que os pais. A apetência às drogas pode existir, porém o vício somente vai existir se a pessoa quiser saciá-lo.

Na história de vida dos dependentes químicos, são comuns evidências de que o indivíduo foi criado em um ambiente familiar marcado por instabilidade, falta de compreensão e afeto, intolerância, frieza, rejeição, hostilidade, indiferença, desconfiança, excesso de mimo, falta de limites e de disciplina, falta de respeito às individualidades e o não suprimento de suas necessidades básicas. Essas pessoas ficam com a autoestima tão destruída, com a personalidade tão fragilizada, que, assim como não superaram as pressões de dentro das próprias casas, não conseguem superar as pressões do meio em que vivem e podem sucumbir às drogas.

A única maneira de realmente se proteger contra o vício é não experimentar a droga, pois o único controle que se tem sobre ela é antes de usá-la. Depois que se usa, ela faz o próprio caminho dentro do organismo, independentemente de vontade, raça, cor, cultura, religião, educação, poder econômico, nível social, sexo etc. do usuário.

32. O que as pessoas sentem quando usam drogas?

Depende do tipo de droga usada, que vamos classificar em três grandes grupos: psicoestimulantes, sedativos e psicodislépticos.

Os **psicoestimulantes** estimulam o estado biopsíquico natural, provocando no usuário um estado alterado em que ocorrem taquicardia, aumento de pressão arterial e agitação psicomotora, com sensação de bem-estar, euforia e aumento da capacidade de trabalho.

Os **sedativos** eliminam as dores, diminuem a ansiedade e combatem a insônia e as agitações psicomotoras. Além disso, trazem ao usuário uma sensação de tranquilidade e desligamento da realidade, como lentidão de pensamento e reflexos físicos diminuídos.

Os **psicodislépticos** distorcem o psiquismo, produzindo ilusões, alucinações e delírios, que podem ser acompanhados de sensações de euforia.

Em geral, os **depressivos** escolhem os psicoestimulantes; e os **intratensos** e **ansiosos**, os sedativos. Os **aventureiros**, por sua vez, expõem-se aos psicodislépticos.

O álcool, por exemplo, é sempre depressor, apesar de parecer estimulante nas doses iniciais. As primeiras doses inibem a crítica (superego), a capacidade de julgamento, fazendo com que o bebedor se sinta mais livre para falar e fazer o que quiser. Segundo o psiquiatra Valentin Gentil Filho, "o álcool em baixas doses deprime o sistema reticular, liberando o córtex e promovendo euforia e desinibição comportamental". Com o aumento das doses, passa, cada vez mais, a deprimir o sistema nervoso central, podendo levar o indivíduo à morte.

A maconha, nas primeiras vezes, pode provocar uma certa euforia, com risos desmotivados. Quando atinge um nível alto de tetraidrocanabinol (THC) no sangue, pode produzir alucinações e delírios. Com o uso continuado, pode provocar uma sedação generalizada (por exemplo, pensamento lento, dificuldades de concentração, memória e atenção), dando uma sensação de prostração geral.

As drogas, geralmente, proporcionam um **prazer químico**, o que é diferente do prazer fisiológico, que é natural. O prazer químico desaparece quando passa o efeito da droga, portanto ele pode vir e desaparecer, conforme a duração desse efeito. Frequentemente, quem procura o prazer químico não está satisfeito com a própria vida e não tem saúde psíquica suficiente para trabalhar sua insatisfação. É importante saber que, após o prazer químico, sucede-se a depressão, o que não acontece com o prazer natural.

33. A dependência física é mais grave que a dependência psíquica?

A **dependência física** provoca a síndrome de abstinência, que é um conjunto de sintomas que o usuário sente por não alimentar seu vício e que pode levá-lo à morte.

As drogas que produzem dependência física entram no metabolismo do corpo, fazendo parte das reações bioquímicas, portanto o organismo conta com elas para seu funcionamento. Quando elas faltam, ele não consegue trabalhar bem e apresenta sintomas (ansiedade, insônia, tremores, delírio, convulsões etc, ou mesmo a morte). Essas drogas são o álcool, os barbitúricos, a heroína e a morfina, que constituem as mais conhecidas no Brasil.

A **dependência psíquica** dificilmente mata, mas pode trazer sofrimentos tão intensos quanto a dependência física. Por exemplo, um cocainômano, pessoa viciada em cocaína, tem sua personalidade muito prejudicada. Quando ele está tomado pelo desejo de usá-la, seu critério de valores cai por terra. Não importa se o desejo é biológico ou psicológico. E, quanto mais forte ele for, mais ele altera:

- ✓ as **ligações afetivas**. Citamos um exemplo: um grupo de pessoas injetava cocaína nas veias, quando uma das moças teve convulsão. Seu namorado preferiu continuar se picando em vez de socorrê-la. Somente ao acabar a droga é que foi ver o que tinha acontecido a ela. Tarde demais: a namorada morrera. Se tivesse sido socorrida a tempo, teria sobrevivido.
- ✓ a **autopreservação**. O cocainômano sabe que não deve utilizar seringas usadas. Na hora de injetar a droga, usa qualquer seringa, não importa de quem seja, pois o mais importante é saciar o desejo. O número de aidéticos aumentou muito mais nos cocainômanos injetáveis que em outros grupos de risco.
- ✓ a **higiene**. Quando não há água destilada para diluir o pó a ser injetado, o dependente químico usa qualquer uma, até mesmo água de vaso sanitário. Desse modo, contamina-se com os mais diversos agentes infecciosos, além de provocar flebites e tromboflebites em suas veias.
- ✓ o **senso crítico**. Quando o cocainômano precisa de cocaína, faz de tudo para obtê-la. Paga qualquer preço pela droga e fica cada vez mais nas mãos dos traficantes. Estes, na falta de dinheiro do usuário, exigem que ele traga objetos fáceis de revender, como relógios, joias, roupas etc. Sem condições de avaliar nada, o dependente químico entrega tudo por um pouco de droga.

- ✓ a **fidelidade**. Da mesma maneira que o traficante explora o dependente químico, a polícia usa o traficante que também é usuário de drogas para obter informações e, assim, poder chegar às organizações do narcotráfico. Para evitar isso, outros traficantes matam sumariamente aquele que está nas mãos da polícia; é a chamada "queima de arquivo".
- ✓ a **ética**. O usuário pode mentir, furtar, roubar a fim de conseguir dinheiro para comprar droga.
- ✓ a **cidadania**. O dinheiro que o usuário passa ao traficante é utilizado para o mal: comprar armas; corromper policiais civis e militares e autoridades nas mais diversas áreas; cometer chacinas para acabar com a concorrência etc. Assim o usuário faz parte da cadeia do crime.

Tudo isso pode acontecer também aos dependentes físicos, pois, quando a exigência de uma necessidade física está em seu limite, ela se torna mais forte que a psicológica e passa a comandar todas as atitudes do indivíduo. Alguém com muita fome é bem capaz de roubar e até matar para comer. Em situações extremas, o homem pode tornar-se um canibal. Quanto maior for a síndrome de abstinência, menos referências tem o usuário, o que pode levá-lo a comportar-se como um animal.

34. Existem drogas que, quando utilizadas sob orientação médica, são benéficas?

Sim. Barbitúricos e morfina, por exemplo. Os barbitúricos utilizados por neurologistas e psiquiatras para tratamento da epilepsia raramente levam o paciente ao vício, desde que sejam utilizados dentro dos critérios terapêuticos. É seu mau uso (tomar sem necessidade, tomar sem orientação médica, não observar a dosagem terapêutica etc.) que pode conduzir uma pessoa ao vício. Os barbitúricos podem provocar grandes dependências física e psicológica.

A morfina, principal componente do ópio, é uma das mais potentes drogas utilizadas para o alívio da dor. Como é altamente viciante, pois causa de modo rápido dependências física e psicológica, seu uso é rigidamente controlado e, na maioria das vezes, é feito em hospitais.

A cocaína foi utilizada como anestésico para cirurgias oftalmológicas (de olhos) e otorrinolaringológicas (de nariz e garganta) em épocas em que não havia outros anestésicos. Além de anestesiar, provocava uma vasoconstrição (diminuição do diâmetro dos vasos sanguíneos) que diminuía a hemorragia local. O avanço dos anestésicos tornou essa prática obsoleta.

A maconha é um poderoso analgésico contra glaucoma, cólicas, inapetência etc. Existem remédios melhores que a maconha fumada, pois ela leva ao organismo mais de 400 diferentes substâncias químicas, inclusive algumas cancerígenas.

35. Como é que se pega Aids por uso de drogas?

Uma das vias mais eficientes de contágio do vírus da Aids é a sanguínea. A carga viral contida em uma pequena quantidade de sangue é suficiente para a contaminação. Os cocainômanos que injetam a cocaína em suas veias são, atualmente, a população que mais corre risco de contaminação, tanto que, pelas estatísticas, é em seu meio que o número de aidéticos mais aumenta. As campanhas de prevenção à Aids explicam que todas as seringas devem ser descartadas após seu uso, ou seja, qualquer seringa deve ser usada **uma única vez**. Todos os cocainômanos sabem disso. Entretanto, quando estão se drogando em grupo, o desejo é tão grande que eles nem se incomodam em usar todos a mesma seringa.

Quando um grupo de cocainômanos vai se picar, o primeiro usuário introduz a agulha dentro da veia para nela injetar a droga. Para certificar-se de que a agulha está dentro da veia, ele puxa um pouco de sangue para dentro da seringa. Passa-a, então, a outro, que prepara a própria dose, sem se preocupar em esterilizar a seringa com o sangue do primeiro usuário. O segundo injeta, além da droga, o sangue do primeiro e, ao puxar o próprio sangue, deixa-o também na seringa. O terceiro usuário já recebe uma seringa com o sangue dos dois primeiros. E assim, sucessivamente, a seringa vai passando por todos, e cada um usa a mesma seringa várias vezes. No final, é a mistura do sangue de todos que fica na seringa. Se um deles estiver com uma doença transmissível pelo sangue, ficarão todos infectados. Dessa maneira, propaga-se o vírus da Aids ou de quaisquer outras doenças de transmissão sanguínea.

36. Quais são as principais etapas para chegar ao vício?

São várias as etapas. Citamos as principais.

1.ª) **Curiosidade** – É a curiosidade que empurra o jovem para as drogas. Ele começa a colher informações, se possível, com usuários. Fica atento, "ligado" no tema. Pode fazer isso de forma ativa, perguntando, buscando, lendo; ou de forma silenciosa, disfarçando seu interesse, sem perguntar muito, sem "dar bandeira".

2.ª) **Formação do papel imaginário de experimentador** – Com as informações adquiridas, o jovem passa a se imaginar experimentando ou usando a droga: qual, com quem, quando, onde, quais seriam as sensações etc. Quanto mais elementos reunir, mais próximo está da experimentação. Mas seu envolvimento com a droga pode parar nessa etapa.

3.ª) **Experimentação** – Da imaginação para a realização, há apenas um passo, cheio de ansiedade e expectativa, próprio de tudo que é novo e, principalmente, proibido. A experimentação é definitiva para fazer a escolha: se valeu a pena, é comum repetir a experiência. Para os viciáveis,

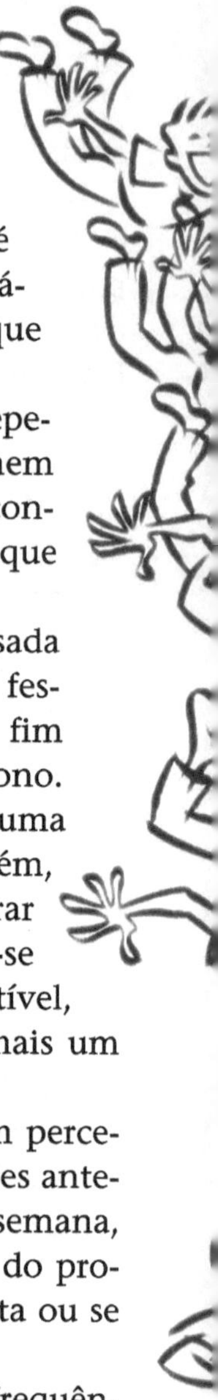

a simples experiência nunca satisfaz, mas, para quem teve uma experiência ruim, é possível que não queira mais a droga. No caso da maconha, é normal não sentir nada na primeira vez que fumá-la. Isso pode satisfazer alguns, porém há outros que insistem e repetem a experiência.

4.ª) **Repetir a experimentação** – Quando um jovem repete a experiência é porque está buscando algo que nem ele mesmo tem certeza do que é. Mau sinal, pois continua experimentando até encontrar uma droga que preencha essa insatisfação.

5.ª) **Uso esporádico situacional** – Aqui a droga é usada em determinadas situações: beber antes de ir a festas; "canabizar" junto a colegas canabistas num fim de semana; tomar bolinha quando se tem sono. Aparentemente, sempre existe um motivo ou uma situação que justifique o uso. Com o tempo, porém, o jovem envolve-se com a droga e passa a procurar propositalmente tais situações para usá-la. Trata-se de uma inversão de objetivos. De modo imperceptível, a droga passou a ser um motivo de uso e não mais um "auxílio" para aquelas situações.

6.ª) **Uso constante situacional = hábito** – Quase sem perceber, o jovem passa a se drogar em todas as situações anteriormente mencionadas. Basta chegar um fim de semana, que ele já quer "canabizar", independentemente do programa. Não importa, por exemplo, qual seja a festa ou se há festa; o que ele quer é beber. Isso já é hábito.

7.ª) **Uso constante generalizado = abuso** – Com a frequência do hábito, o jovem não percebe quando passa a usar a droga sem justificativas. Nessa etapa, o jovem já é um dependente químico, mas nega o fato, defendendo-se e argumentando como pode.

8.ª) **Vício** – Nessa etapa, o jovem já sente necessidade da droga, não importa se por dependência física ou psicológica. Sua vida gira em torno do vício. Já não dá mais a devida importância a outras atividades. Ele se organiza, então, em função da droga: quando, quanto e como comprar; quando, onde, como e com quem usar; onde guardar etc. No começo, o dependente químico tenta disfarçar, esconder e negar, mas tais mecanismos de defesa caem por terra quando o vício avança, e aí ele não consegue mais manter as aparências e, perdendo o senso crítico, usa a droga despudoradamente.

Outro critério para avaliar o envolvimento de um jovem com as drogas é a **compra** dela. Se, após a experimentação, ele comprá-la, significa que quer ter a droga à sua disposição, para usá-la quando quiser. E possuir a droga pode ser um forte estímulo para o uso, mesmo que não se esteja com vontade. Somente a visão, o cheiro ou simplesmente o toque podem ser suficientemente estimuladores. Comprar a droga quer dizer que o envolvimento com ela já está avançado. O comprometimento é muito maior que nas etapas anteriores, quando a droga era oferecida por alguém.

O usuário pode desistir em qualquer uma dessas etapas ou prosseguir no caminho do vício. O tempo de permanência nas diferentes etapas varia de pessoa para pessoa, mas é difícil pular uma delas. Quanto mais etapas ele atingir, maior a distância da recuperação.

As etapas aqui descritas são referentes a quem inicia por si mesmo uma aproximação com a droga. Há, porém, outros caminhos para o vício que, às vezes, independem da iniciativa das pessoas. São os casos de tratamento médico com drogas fortes (morfina, por exemplo), ou de quem trabalha com produtos tóxicos (inalantes).

Independentemente da pessoa, existem drogas que demoram anos para levar alguém ao vício (álcool), e algumas que, em dias ou semanas, estabelecem o vício (*crack*).

37. Quem usa mais drogas: jovens ou adultos?

Se considerarmos cigarro, bebidas alcóolicas e tranquilizantes, sem dúvida, os adultos usam mais drogas; mas, se considerarmos cola de sapateiro, benzina e medicamentos (bentyl, optalidon, artane e xaropes), são muito mais os jovens que as usam.

A maconha é mais usada pelos jovens, enquanto a cocaína é mais consumida pelos adultos. Já a benzina e a cola de sapateiro têm nos meninos de rua seus maiores consumidores.

Os homens consomem mais álcool que as mulheres, que, por sua vez, tomam mais tranquilizantes que os homens. O sexo masculino também supera o feminino em uso de drogas pesadas (como cocaína e heroína) e também de maconha.

As mulheres usam muito mais anoréxicos (remédios que combatem a fome e que funcionam como psicoestimulantes) que os homens. Como a idade de adolescentes que consomem drogas está concentrada entre 12 e 19 anos (média brasileira) e a dos adultos, entre 20 e 60 anos de idade, acredita-se que a densidade de maior consumo esteja na adolescência. (Para mais detalhes, veja as respostas 4 e 76.)

38. As crianças que cheiram cola de sapateiro podem ser recuperadas?

As crianças que cheiram cola de sapateiro são, em geral, crianças que vivem na rua, conhecidas por meninos de rua, menores abandonados, crianças carentes etc. Essas crianças vivem numa realidade adversa, com regras próprias de sobrevivência, porque não têm pais, quem as sustente, alimentação regular e onde dormir. Representam um problema social. Elas não são culpadas dessa condição, são vítimas de uma sociedade em crise. E precisam aprender a lutar pela sobrevivência, caso contrário morrem. Assim, não avaliam o mal que a cola de sapateiro faz a elas. Simplesmente, usam porque aprenderam com seus colegas maiores, porque provoca uma sensação de embriaguez e tira a sensação de fome.

Se a sociedade lhes desse condições de uma vida mais digna, mais humana, com opções de estudo, trabalho e lazer, sem dúvida muitas dessas crianças abandonariam rapidamente a cola de sapateiro.

Entretanto, existem casos de crianças tão comprometidas pelo uso da cola que seria necessário submetê-las a um tratamento de recuperação. Mesmo assim, se seu cérebro já tiver sido muito atingido, suas chances de recuperação diminuirão bastante, porque cada neurônio destruído é irrecuperável, e sabemos que a cola de sapateiro destrói o córtex cerebral.

39. Por que os dependentes químicos são discriminados pela sociedade?

As pessoas não gostam de conviver com dependentes químicos, porque, como eles não se encontram, geralmente, em seu estado normal, não conseguem acompanhar um diálogo, comportam-se inadequada e inconvenientemente e, às vezes, de modo perigoso. Se eles não se drogam frequentemente, podemos suportá-los, mas, se estão sempre drogados, é impossível aguentá-los. Além disso, o critério de valores de um dependente químico passa a ser bem diferente do nosso. Caso não tenha dinheiro para comprar droga, ele não se incomodará em roubar, seja da própria família, seja de amigos. Também pode se prostituir quando precisa de dinheiro para comprar drogas.

As conversas, as atitudes e os interesses dos dependentes químicos também não interessam àqueles que querem viver saudavelmente. E, como são pouco motivados a trabalhar ou estudar porque não têm mais a mesma capacidade que antes, em um ambiente de trabalho ou estudo só atrapalham. Os dependentes químicos têm, ainda, dificuldade de enfrentar as frustrações decorrentes das atividades do dia a dia, reagindo a elas de modo agressivo ou impulsivo, o que os torna inadequados ao ambiente familiar, profissional ou social.

Os traficantes são obviamente discriminados por serem marginais, já que o tráfico de drogas é, pela lei brasileira, um crime hediondo e inafiançável (Lei Antitóxico nº 6368, de 21/10/1976). Visto que os dependentes químicos são obrigados a adquirir drogas no mundo da ilegalidade, onde estão os traficantes, há mais um motivo para as pessoas se afastarem deles.

Os usuários de drogas também discriminam os não usuários com gozações, ofensas e agressões porque não tem graça utilizar drogas na companhia de quem não as use.

40. Se eu me drogar uma vez, posso me tornar dependente automaticamente?

Não, se realmente for só uma vez. Se a vontade de experimentar novamente for muito intensa, a possibilidade de se viciar é muito grande. Portanto, o cuidado precisa ser maior, e deve-se evitar uma nova experiência, que pode significar um começo de dependência.

Para uma pessoa se drogar, é necessário ter ultrapassado o limite de sua autopreservação, isto é, submeter-se a todos os riscos do envolvimento com a droga, suas complicações e suas consequências. Tudo o que se aprende com as drogas é muito pouco em relação aos riscos que se correm. Mesmo que nada aconteça ao organismo, do ponto de vista psicológico e comportamental, é muito grave abrir a precedência, pois não custará muito drogar-se outra vez. Usar drogas pela segunda vez é muito mais fácil que pela primeira; a terceira vez fica mais fácil ainda, e assim sucessivamente até que se torne natural.

Experimentar a droga ou drogar-se somente uma vez não faz de ninguém um dependente, mas predispõe ao uso e depois ao abuso. Usar pode não viciar; abusar, sim. Quanto maior for o poder viciante da droga, menos tempo se leva da experimentação até o uso, o abuso e, finalmente, o vício. É o caso do *crack*, que vicia rapidamente o experimentador. Existem registros de pessoas que se viciaram com as primeiras doses.

Quanto ao "batismo alcóolico", ele geralmente ocorre na fase final da puberdade, entre amigos. Os rapazes ou moças bebem tanto que se embriagam de fato, e muitas vezes é preciso levá-los a hospitais. Alguns chegam a entrar em coma alcoólico. Isso assusta os familiares, e muitos pensam que o filho ou filha tornou-se um alcoólatra irremediável.

Acompanhando alguns desses casos, é possível concluir que não é o "batismo alcoólico" que gera um alcoólatra. Tal episódio pode ser único em sua vida, se aprender a usar o álcool. O abuso ocorrido no "batismo" pode ter sido voluntário (a pessoa quer fazer isso) e até uma perda de controle sobre a quantidade bebida. (Para mais detalhes, veja a resposta 119.)

41. Por que a maconha é ilícita, se ela não prejudica tanto a saúde?

É um mito dizer que a maconha não prejudica tanto a saúde. É falta de conhecimento, porque a maconha prejudica, sim, e não só do ponto de vista médico como também do social.

A seguir, citamos algumas **consequências médicas** do uso da maconha:

✓ atinge o feto, pois atravessa a barreira placentária;
✓ atinge o bebê pelo leite materno;
✓ dobra a pulsação cardíaca;
✓ atinge os linfócitos, diminuindo a resistência a infecções;
✓ provoca alterações eletroencefalográficas;
✓ diminui o tamanho e o peso da próstata e dos testículos;
✓ diminui o nível de hormônios sexuais;
✓ diminui o mecanismo do rastreamento visual;

✓ prolonga o tempo de ofuscamento visual;
✓ aumenta o tempo de resposta a um estímulo recebido;
✓ prejudica e faz perder a noção de tempo e de espaço;
✓ prejudica a noção de velocidade;
✓ pode produzir ilusões e alucinações;
✓ pode produzir delírios;
✓ diminui a capacidade de concentração, atenção e memória;
✓ diminui o ânimo;
✓ produz forte dependência psicológica, principalmente no caso de adolescentes;
✓ pode provocar ginecomastia (desenvolvimento de mamas) no rapaz;
✓ é dez vezes mais cancerígena que o cigarro etc.

Do **ponto de vista social**, as mais graves consequências são a diminuição da capacidade de manter relacionamentos afetivos e a diminuição das capacidades de estudo e trabalho.

A maconha é considerada droga ilícita pela Organização Mundial de Saúde (OMS) porque ela é psicotrópica e produz alterações comportamentais, biológicas e psicológicas, além de dependência.

Entretanto, antes de todos esses prejuízos, a maconha altera o comportamento da pessoa no ambiente familiar, torna-a agressiva quando contrariada. Apesar de dizerem que "a maconha é da paz", é bom lembrar que a agressividade do usuário começa geralmente contra os próprios pais quando descobrem seu uso.

No uso crônico, a maconha despersonaliza seu usuário, afastando-o dos seus sonhos e levando-o para uma realidade muito dura.

Vale lembrar que todas as drogas psicotrópicas, quando não prescritas pelos médicos, são ilícitas.

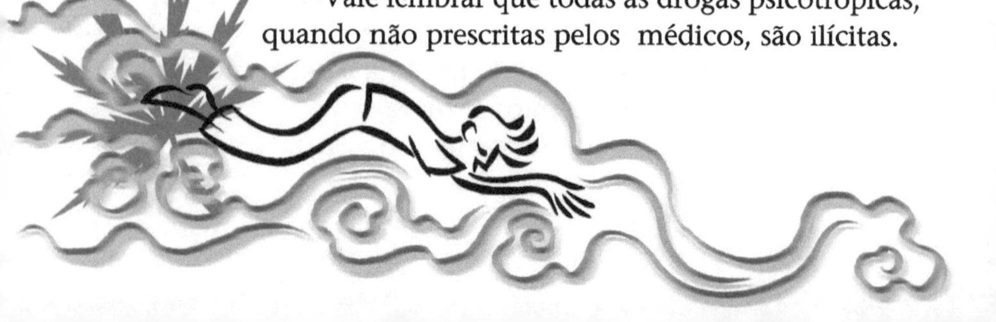

42. Por que alguns esportistas, como Ben Johnson(*), dopam-se antes de campeonatos?

Eles se dopam para melhorar a força e o desempenho do corpo, com esteroides anabolizantes, que começaram a ser utilizados na década de 1960.

Os efeitos imediatos do uso de esteroides são: aumento da massa muscular, força redobrada e uma sensação confiante de agressividade e invulnerabilidade. Sob os efeitos dos anabolizantes, os atletas podem apresentar a "psicose do halterofilista", isto é, alucinações, delírio de poder, episódios paranoides (relacionam tudo o que esteja acontecendo à sua volta consigo mesmos), comportamento motor extravagante e violência incontrolável. O uso crônico pode trazer doenças cardíacas, enfermidades do fígado, problemas urinários, disfunções sexuais, impotência, esterilidade, calvície, acne, alterações na aparência e diminuição da expectativa de vida. Em alguns casos, pode ser fatal, e a interrupção de seu uso pode conduzir à depressão e a uma profunda sensação de fraqueza.

Atualmente, os esportistas conhecem os malefícios destas "bombas", porém insistem em usá-las porque ambicionam a qualquer custo atingir uma determinada marca esportiva ou um desempenho maior, que seu corpo naturalmente não conseguiria. Nessa ambição está contida a vaidade pessoal, ainda mal resolvida psicologicamente.

No início de 2003, o jogador brasileiro de vôlei Giba(**) sofreu sanções na Itália, onde foi contratado para jogar, pois encontraram resíduos de maconha em sua urina, em exame *antidoping* realizado em 15 de dezembro de 2002. Ainda que a

(*) Ben Johnson (1961-) ganhou a medalha de ouro na corrida dos 100m rasos, nas Olimpíadas de Seul (Coreia do Sul). Porém, teve de devolvê-la após seu exame *antidoping* acusar a presença de esteroides.

(**) Gilberto Amauri de Godoy Filho (1976 -) atuava, em 2002, como atacante da Seleção Brasileira de Vôlei e do clube Estense 4 Torri, em Ferrara, na Itália.

droga mais atrapalhasse do que aumentasse o desempenho do jogador, ele foi condenado a uma suspensão de quatro meses.

É importante lembrar que os esteroides anabolizantes são proibidos em atividades atléticas amadoras ou profissionais.

43. O tabaco pode ser considerado uma droga?

Sim, porque, além de não fazer bem nem ser necessário, é muito prejudicial a nosso organismo. Está comprovado que o tabaco provoca câncer de pulmão, mesmo nos acompanhantes não tabagistas, que, ao aspirarem a fumaça do cigarro alheio, se tornam **fumantes involuntários.**

São várias as substâncias isoladas da fumaça do tabaco que causam câncer, dentre as quais as mais cancerígenas são: o **benzo**(a) **pireno** e o **dibenzo** (a, h) **antraceno.**

Se a quantidade de nicotina presente num pequeno charuto fosse diretamente injetada na veia de um homem em vez de ser fumada, ele morreria.

Segundo o médico e pesquisador José Rosemberg, mais de 1200 substâncias foram isoladas no cigarro. A **nicotina** é a grande responsável pelas dependências psíquica e física, porque desenvolve rapidamente a tolerância e produz a síndrome de abstinência. (Para mais detalhes, veja a resposta 57.)

O prejuízo que o tabagismo causa à saúde foi unanimemente comprovado por mais de 40 mil pesquisas científicas, experimentais, clínicas e epidemiológicas. Esse resultado foi reconhecido pelos órgãos oficiais de saúde de vários países. E a Organização Mundial de Saúde (OMS) proclamou: "O tabagismo é provavelmente a maior causa isolada evitável de doença no mundo". De acordo com seus cálculos, morrem um milhão de pessoas por ano de doenças provocadas pelo cigarro. No Brasil, estimam-se 60 mil mortes por ano, ou 164 pessoas por dia.

Em 1964, foi divulgado nos Estados Unidos o primeiro relatório do Surgeon General of the United States Health

Service (Diretoria Nacional do Serviço de Saúde dos Estados Unidos), órgão oficial americano responsável pela saúde. Entre os dados publicados, consta que mais de 350 mil pessoas morrem anualmente por causa do uso do tabaco. Daí a legislação americana obrigar a impressão em todos os maços de cigarros vendidos naquele país da advertência: *Caution, cigarette smoking can be harmful for your health* ("Atenção: o hábito de fumar pode ser prejudicial a sua saúde").

São ainda os cigarros, jogados acesos, uma das principais causas de incêndios. A extremidade acesa de um cigarro atinge 850°C e sofre combustão completa na presença de oxigênio, ou seja, não se apaga enquanto durar o cigarro. Tanto que, se assoprarmos o cigarro, em vez de apagá-lo, sua combustão aumentará. Se a ponta acesa encostar em algo seco, provocará chama.

Não existe uso do tabaco. É sempre um abuso, mesmo que seja um único cigarro, porque nele não existe nenhum benefício, somente prejuízo.

44. De que maneira a família, a escola, o governo e a Igreja podem ajudar nas questões das drogas?

A família e a escola podem ajudar na prevenção primária – dirigida a quem ainda não experimentou as drogas –, por meio da educação antidrogas. Desse modo, a criança aprende, dentro de casa e depois na escola, a cuidar bem de si mesma, a respeitar-se como é, sem ter de usar drogas para se valorizar ou se autoafirmar perante os outros. Além disso, conscientiza-se de que seu corpo não é uma **lata de lixo** onde se jogam drogas nem um **laboratório químico** que tudo precisa experimentar.

A seguir, daremos algumas dicas de como cada uma dessas instituições pode ajudar a combater a droga.

Família

Para uma atuação eficaz, seria necessário que os pais perdessem o medo e o preconceito em relação às drogas e conversassem livremente com seus filhos. Em geral, os pais evitam esse tipo de conversa por temer que, assim, seus filhos despertem para as drogas, e isso é o que menos desejam. Talvez os pais ignorem que seus filhos saibam mais que eles sobre o assunto e que alguns já devem tê-las experimentado ou até mesmo serem usuários de drogas.

Existem adolescentes cujos pais só descobrem que estão usando drogas depois de um ou dois anos. É preciso falar muito sobre drogas, porém o mais importante é o posicionamento diante desse assunto, ou seja, os valores pessoais, familiares, sociais e religiosos, caso o adolescente seja religioso. O essencial é conhecer os valores do filho, para conduzir adequadamente a conversa. É necessário evidenciar os prejuízos que as drogas provocam, sobretudo para o jovem. Quanto mais se conhece um problema, mais condições tem-se de enfrentá-lo.

O uso de drogas pode representar um período crítico à família e desestabilizar sua rotina. Portanto, se não forem compreendidos e trabalhados os motivos dessa crise, dificilmente a família vai conseguir superá-la.

Fazem parte da filosofia educativa familiar alguns pontos que merecem reflexões mais profundas e que podem ajudar no combate ou na prevenção de conflitos. São eles:

✓ Preservação da **autoridade** dos pais, estabelecendo o papel de cada um. Não é possível uma boa educação se existe confusão de papéis. Trata-se de autoridade, não de autoritarismo ou abuso de poderes econômico, físico e mental. Com autoridade, estabelecem-se limites e compromissos, ao mesmo tempo que se ama os filhos, provendo-os em suas necessidades.

✓ Estabelecimento e execução de **padrões comportamentais**

para o bom andamento coletivo da família, sem massacrar nenhum dos integrantes.

✓ Responsabilidade em se cuidar e cuidar daquele que mais precisa de ajuda em vez de agredi-lo e rejeitá-lo.

✓ Respeito à **individualidade** de cada um, privilegiando e exercitando os pontos positivos e não criticando os negativos. Ninguém é igual a ninguém, e as características individuais devem ser preservadas.

✓ Cobrança dos integrantes familiares em relação aos **compromissos assumidos**. Todos devem ter suas funções, e cada um deve desempenhá-las dando o melhor de si. A irresponsabilidade de um não deve sufocar o outro. Ao arrumar seu quarto, por exemplo, o filho não sobrecarrega a mãe.

✓ Responsabilidade em relação aos medicamentos, que devem ser tomados somente quando receitados pelo médico para tratamento de doenças, sobretudo os tranquilizantes, soníferos e remédios de regime. Aos pais cabe dar o xarope porque a criança está com tosse, e não porque é gostoso. Crianças que tomam remédios porque é gostoso podem futuramente se drogar porque também é gostoso.

✓ Mudança nas **regras de privacidade** quando houver suspeita do uso de drogas. É mais saudável romper a privacidade e enfrentar o problema em vez de ignorar o que de fato está acontecendo. Nessas condições, os pais têm o **direito** e o **dever** de "invadir o espaço" de seus filhos para preservar-lhes a saúde, pois raramente um filho admite a seu pai ou a sua mãe que está usando drogas. Vale, então, revistar o quarto do rapaz ou a bolsa e a agenda da menina; o que não vale é considerar a droga um pretexto para vasculhar a vida dos filhos.

✓ Cuidado redobrado quando se mora em condomínios. Os jovens costumam usar esse território particular como refúgio para se drogar. Acham que estão livres dos pais e da polícia.

No entanto, quando o filho já se envolveu com drogas, é importante partir para a **prevenção secundária**, isto é, impedir o progresso de seu uso e tratar suas complicações. Nessa fase, é preciso buscar ajuda de especialistas, como psicólogos, psiquiatras, assistentes sociais, integrantes ativos de grupos anônimos de mútua ajuda, como Alcoólicos Anônimos (AA) ou Amor Exigente.

Quem está realmente interessado em resolver o problema, com certeza, encontrará uma possível solução. Renunciar ao tratamento por não encontrar quem o trate é comodismo. Como a prevenção secundária é ativada quando já falhou a primária, é pouco provável que a família consiga algum resultado se se propuser a cuidar sozinha do filho nessa fase. Mesmo porque o desajuste pode estar na família, sendo o dependente químico nada mais que seu sintoma mais aparente. Geralmente, a família e o dependente químico necessitam de ajuda simultânea, e os tratamentos que incluem esse tipo de ajuda são muito mais eficientes.

Escola

Seria ideal que a escola complementasse essa filosofia de vida familiar e acrescentasse em seu currículo programas que preparassem seus alunos para enfrentar não só a droga, mas a vida. No entanto, muitos professores nem conhecem as realidades científica e psicológica das drogas, seus efeitos e suas consequências. É frequente não saberem identificar um usuário de drogas e, se identificam, não sabem o que fazer com tal descoberta. Por isso, a diretoria das escolas prefere negar as drogas em seus estabelecimentos. Mas não é possível fingir que elas não existem, e imaginar que apenas os "outros" as usam só facilita sua propagação.

A escola precisaria preparar melhor seus docentes para que pudessem orientar seus alunos em relação às drogas, desmitificando-as, por meio de conhecimentos básicos científicos sobre seus efeitos físicos, psicológicos e sociais (saber como agem os adolescentes saudáveis, os usuários e os dependentes; como elas são traficadas; etc.). Somente a convivência diária pode transmitir uma postura de vida, uma prevenção primária, e não palestras magistrais e únicas dirigidas aos jovens.

Em geral, para a escola, é mais fácil perceber que um aluno está se drogando do que para os pais, pois o envolvimento emocional existente na relação entre pais e filhos pode levar à "cegueira psíquica", isto é, como os pais **não querem ver** seus filhos drogados, eles negam para si mesmos que isso esteja acontecendo. E, como os filhos escondem dos pais seu vício, fica ainda mais difícil para eles perceberem o problema.

Tal envolvimento psicológico não existe na escola. O que há são referências e registros mais objetivos – desempenho, disciplina, notas –, que, junto às observações de cada professor, podem permitir melhor avaliação do comportamento do aluno. A escola tem, portanto, mais condições de detectar as alterações de comportamento do aluno.

Cabe, depois, um estudo mais apurado para constatar as causas dessas alterações, dentre as quais pode estar a droga. Não se deve levianamente responsabilizar a droga por tudo o que acontece, pois se podem cometer injustiças e, assim, perder a confiança dos jovens.

Uma vez comprovado que a droga é a causa das alterações de comportamento do aluno, caberia à escola convocar os pais para, juntos, encaminharem-no a tratamento ou orientação psicológica, sob os cuidados de profissionais especializados.

Não compete à escola o tratamento contra drogas, mas sim o encaminhamento adequado do caso. Casos em que alunos estão envolvidos com drogas são muito complicados, e, quanto mais pessoas estiverem envolvidas, maior a confusão. Entretanto, é preferível a confusão à covarde omissão. Se a escola não tomar nenhuma atitude, todos perdem: a família, a escola, o aluno e a sociedade. Vence a droga, que, tendo já ultrapassado a primeira barreira (o usuário) e a segunda (a família), consegue atingir a terceira, a que poderia incluir a destruição da pessoa pelo vício. Por isso, a escola tem de ser clara e honestamente firme.

Governo

O governo teria que continuar combatendo, sem tréguas, o tráfico e fazer campanhas mais bem dirigidas, em lugares previamente escolhidos, com pessoas treinadas e preparadas, pois apenas campanhas televisivas pouco resultam. O jovem geralmente acha que nunca vai acontecer com ele aquilo que está vendo na televisão. Roubar? Ser dominado pela droga? Ter problemas de relacionamento e comportamento? Nada disso vai lhe acontecer, pois está vivendo a onipotência juvenil. "Você pode ter problemas no futuro" é uma frase sem efeito para o jovem onipotente, que não teme riscos. Quanto ao futuro, ele pensa que está ainda muito longe.

Em maio de 1992, foi noticiado que uma mãe entregou o próprio filho, que era dependente químico, à polícia. Isso revoltou muita gente, que criticou tal atitude e julgou a mãe desnaturada. Não devemos nunca ser juiz dos outros, principalmente num caso de envolvimento com drogas. O que essa mãe passou nas mãos do filho? Deve ter sido desrespeitada, agredida, roubada, humilhada por ele e por seus vizinhos; quantas vezes ela não teria lhe pedido, implorado, castigado, rezado para que ele "largasse essa vida"? A mãe deve ter chegado a seu limite e, ao entregá-lo à polícia, estava pedindo ajuda, pois, sozinha, nada mais conseguia. Com todas as complicações que podem existir, a polícia ainda serve como um fator disciplinante para quem já perdeu o controle de seus atos, ou nunca o teve.

Igreja

A Igreja é, de modo geral, pouco atraente aos jovens, mas, se souber preencher as necessidades espirituais da juventude, muito poderá ajudar no combate às drogas.

A religião que o jovem valoriza é a que prega a participação ativa num relacionamento, isto é, "eu me interesso pelo próximo, que se interessa por mim; quero conhecer a sua vida, trocar ideias, estabelecer ideais; quero me abrir com quem se abre comigo, sem que me julguem se fiz certo ou errado". Os dogmas, ao contrário, revoltam, porque chegam de cima para baixo. O que atrai é a convivência, a alegria, os valores humanos transparentes, a compreensão e a amizade dos orientadores religiosos. Em vez da dogmática condenação de um pecado, mais vale a compreensiva explicação do motivo de não se praticar tal ato.

A autopreservação e o amor próprio e ao próximo (amigos ou familiares) são preceitos religiosos que o jovem deveria conhecer, pois quem se preserva nunca vai permitir que seu corpo e sua alma sejam maltratados pelas drogas.

Para mais detalhes, leia o livro de minha autoria *Anjos caídos: como prevenir e eliminar as drogas na vida do adolescente*, da editora Gente.

45. O que ocorre com os dependentes químicos sem cura?

A droga pode ser a causa direta de sua morte, pela *overdose*, ou indireta, pelas complicações secundárias, como problemas cardiovasculares, respiratórios, cerebrais (neurológicos), hepáticos, pancreáticos, intestinais, renais, infecções generalizadas etc.

Os dependentes químicos podem também morrer por acidentes provocados pela alteração do estado de consciência (principalmente acidentes de carro), o que acontece mais com usuários de álcool e maconha. Podem ainda ser assassinados pelos traficantes por causa de dívidas; e se, além de dependentes químicos, são também traficantes, podem morrer por rivalidade entre gangues que disputam um mesmo território de ação, sobretudo quando se trata de cocaína e *crack*.

Ninguém morre de *overdose* de maconha, que, entretanto, pode levar a um tipo de vida quase vegetativo em razão do forte comprometimento da capacidade de trabalho ou das atividades em geral, que ficam reduzidas a comer, "canabizar" e dormir. Essa é a síndrome amotivacional provocada pela maconha.

Em relação ao tabaco, quanto maior for o consumo, tanto maior a probabilidade de adquirir um câncer de pulmão. Isso também acontece com a maconha, que é dez vezes mais cancerígena que o tabaco. Fumar cigarros é a maior causa conhecida de morte por câncer.

46. O que posso dizer a um amigo dependente químico?

Diga: "Pare com isso!" ou "Droga não está com nada". Insista sempre que tiver oportunidade para que seu amigo não use droga em vez de achar graça, pois essa atitude poderia estimulá-lo. Fale com seriedade, demonstrando bastante decepção, sobre o estado em que ele fica quando está drogado. Diga-lhe que o prefere do jeito que é naturalmente. Quando ele estiver sóbrio, descreva-lhe como é difícil (senão impossível) conversar ou conviver com ele quando está drogado. Explique-lhe que, por melhor que se sinta quando está drogado, é um prazer químico, falso, não consequência de valores interiores.

Um dos motivos pelos quais um jovem procura drogas é a **solidão**, a falta de programas e a consequente apatia. Porém, quanto mais a pessoa usa drogas, mais aumentam esses problemas. A companhia de amigos, a sensação de ser importante na vida de outras pessoas e as opções de programa feito em turma tiram a sensação de desvalia e de tristeza individual.

Portanto, a simples proximidade dos amigos pode fazer com que a pessoa não busque tanto as drogas.

Os amigos jamais devem experimentar a droga que o dependente químico está usando, pois isso seria a glória do usuário sobre os saudáveis. Ele já não mais se sentirá mal sozinho. Se todos se sentem mal, é melhor para ele, pois nem se importa com os outros. Aliás, é próprio do dependente químico ser egoísta.

Por isso, quanto mais precocemente os amigos agirem, tanto melhores serão os resultados. Quando um amigo já estiver na fase do uso, a ação dos não usuários é menos eficiente, porque ele os abandona para procurar os que usam a mesma droga. E, se já estiver viciado, não se importará com ninguém, "cortará" todos de sua lista de amigos.

Por fidelidade, os jovens nada contam aos pais sobre os amigos. Entretanto, é preciso ter bom-senso e agir quando se trata de ver um amigo enveredando pelo caminho da droga e tornando-se um dependente químico. O problema das drogas não é uma simples questão escolar, afetiva, sexual, de bagunças ou brigas de turma, é um problema sério, e que está destruindo o outro, sua personalidade, sua vida.

Trocar ideias com outros amigos e com um adulto de muita confiança pode ser um bom começo para ajudar um amigo que é dependente químico. Depois é preciso pensar no melhor meio de auxiliá-lo, o que fatalmente levará à conclusão de que os pais dele devem ser avisados, e que isso deve ser feito com muita cautela. Provavelmente, se os pais ainda não perceberam o problema do filho, é porque os próprios problemas estão falando mais alto. Quem sabe até não seja essa uma das causas para que o amigo use drogas? Mesmo assim, os pais devem ser alertados. Um amigo merece que se faça por ele tal esforço. É mais fácil e cômodo ficar indiferente, imaginando que o problema não é nosso e que não está nos afetando. Mas perder um amigo não nos afeta realmente?

Quando surpreendida por más notícias, qualquer pessoa pode tomar atitudes inadequadas, principalmente pais em relação aos seus filhos. Portanto, talvez seja importante propor aos pais que observem melhor seu filho para ver se percebem algo diferente nele. Essa atitude dos amigos, em geral, leva os pais a procurar comportamentos não comuns no filho e, questionando as mudanças, podem inclusive pensar na possibilidade de envolvimento com drogas e ajudar efetivamente o filho.

Dificilmente um dependente químico recupera-se sem a participação e a ajuda de sua família.

47. Um dependente químico pode parar de usar drogas para sempre?

Sim, embora somente 10% dos dependentes químicos consigam parar totalmente de usar drogas. Mas isso não significa que se desligaram delas. Eles sabem que ainda se sentem atraídos por elas.

Mesmo que um alcoólatra crônico tenha parado de beber, ele tem de lutar todos os dias contra seu desejo, pois sabe que, se tomar um primeiro gole, não conseguirá parar e rapidamente voltará ao alcoolismo. Portanto, um ex-alcoólatra continua ligado ao álcool, porém agora pela oposição. Assim acontece também com outras drogas que viciam, porque o prazer da droga fica registrado na memória corporal, independentemente de nossa vontade. Ativado pela lembrança do prazer que já sentiu, o corpo sente desejo, e pede sempre para ser saciado.

É a cabeça que põe limite à memória corporal. O dependente químico perde tal limite. O ex-dependente químico tenta recuperar esse limite.

Um ex-dependente químico que quer se manter longe das drogas pode encontrar força e coragem nos Alcoólicos Anônimos (AA), nos Alcoólatras Anônimos (Alanon), nos Toxicômanos Anônimos (TA). Nessas associações, todos se controlam mutuamente, dando força, sobretudo, nos momentos de fraqueza. Unidos pela vontade de se livrar da droga, fortalecem-se entre si e com a ajuda de familiares.

48. Por que prostituição e drogas são tão ligadas?

Porque ambas vivem à margem da sociedade e pertencem ao submundo do crime, em geral organizado.

Existem casos em que as pessoas, não tendo como sustentar economicamente seu vício, acabam prostituindo-se, isto é, vendendo sexualmente o corpo para conseguir comprar drogas. Isso é mais comum de acontecer com o sexo feminino do que com o masculino, apesar do grande crescimento da prostituição masculina.

Existem casos de mulheres que se drogam para se prostituir, porque se estiverem sóbrias não se submetem a tamanha degradação.

Em geral, as prostitutas têm seu "protetor", que na realidade é um explorador. Ele oferece um pouco de carinho e proteção física, mas lhe tira praticamente todo o dinheiro que conseguiram. É a figura clássica chamada vulgarmente gigolô ou cafetão (ou cafetina, em relação à mulher), que muito comumente é também um usuário de drogas.

A prostituição e as drogas estão ligadas pela ilegalidade e pela marginalidade das pessoas com elas envolvidas.

49. Pode-se viver bem tomando doses leves de uma droga qualquer?

É muito mais fácil parar com a droga de uma vez que continuar tomando doses leves. É preciso ter mais força de vontade quando se para aos poucos do que quando simplesmente não se toca na droga. Existem drogas (cocaína e *crack*, principalmente) que diminuem a capacidade de controlar os impulsos, alteram a capacidade de avaliação adequada de uma situação e contribuem, desse modo, para que se consumam maiores quantidades da droga.

Há pessoas que tomam diariamente pequenas doses de álcool na quantidade que seu organismo comporta, sem nenhuma sobrecarga ou prejuízo. Outras não têm essa capacidade (pode ser até por hereditariedade) e fazem tanto esforço para se controlar que é melhor não começar a beber.

Um fígado sadio é capaz de metabolizar 25 g de álcool por hora – quantidade de álcool existente em uma garrafa de cerveja ou em uma dose de uísque. Um fígado sobrecarregado pode não ter essa capacidade, e o álcool excedente é lesivo ao fígado e ao resto do organismo.

Maconha, cigarro, solventes etc. têm efeito acumulativo no organismo, pois existem resíduos que não são eliminados nem metabolizados, e os prejuízos somente aparecem com o tempo. A maioria das drogas, se usada em doses leves, a ponto de não produzir danos, não trará as sensações buscadas. Por que então usá-las?

50. O que fazer se os amigos pressionarem para que use drogas?

Geralmente, não é isso o que acontece. Os amigos não pressionam diretamente. Frequentemente, são as pessoas que procuram a droga por intermédio dos amigos. Pode ser com um pedido direto, ou por vias indiretas, como ficar sempre por perto, demonstrando interesse e curiosidade. Ao perceber esse interesse, o usuário acaba oferecendo-lhe a droga. Ou seja: a pessoa que fica por perto de quem está usando drogas consente em seu uso, e talvez seja a próxima a usá-las. É o que acontece muitas vezes com a maconha: quem fica perto daquele que está "canabizando", aspirando a sua fumaça, também pode estar "canabizando"; trata-se do canabista passivo.

Agora, se de fato você estiver sendo pressionado, então é melhor afastar-se, para evitar complicações. No caso do álcool, quando os amigos estão muito alterados, eles se tornam inconvenientes, realmente insistem (às vezes são até agressivos) e ironizam tanto que não adianta usar argumento nenhum, porque já não estão mais raciocinando bem.

51. Um jovem deve contar a seus pais que seu irmão está usando drogas?

A partir da puberdade, é muito comum os filhos unirem-se "contra" os pais mesmo ao brigarem entre si, mas são os mais frágeis que costumam contar tudo aos pais quando brigam, pois, nesse momento, querem que o irmão seja castigado.

Quando é o irmão mais velho, ou o mais prestigiado em casa, que começa a usar drogas, ele acaba influenciando os outros, porque os menores querem acompanhar os maiores. Nesse caso, é raro o menor contar aos pais que o irmão mais velho está consumindo drogas. Um dos motivos que desencadeia essa atitude é a forte pressão (física e/ou psíquica) que o maior exerce sobre o menor, na ausência ou até mesmo na presença dos pais.

Quando é o irmão mais novo que usa drogas, é bastante comum o mais velho contar aos pais ou, pelo menos, alertá-los de que o outro "tem andado muito esquisito ultimamente".

Os pais devem ficar sabendo, o mais breve possível, que seu filho está usando drogas, pois terão tempo de acudi-lo. Com drogas não se brinca, elas podem destruir a vida de uma pessoa e, consequentemente, a vida de seus pais, que ficam bastante fragilizados quando seu filho torna-se um usuário.

Quando um filho conta aos pais que seu irmão está usando drogas, ele não o está dedurando, mas sim ajudando-o e evitando que seja prejudicado.

52. O que pode acontecer ao feto durante a gestação se a mãe é usuária de maconha?

O tetraidrocanabinol (THC), substância contida na maconha, não respeita a barreira placentária e atinge o feto. O óvulo de uma canabista tem menos vitalidade que um normal. Sabemos que o óvulo, ao se fundir com o espermatozoide, forma o ovo, que é o início da gravidez. Portanto, um óvulo fragilizado pode prejudicar o ovo. E, como a natureza procura eliminar o ovo que não está bem formado, o uso da maconha por mulheres é uma das grandes causas de abortos espontâneos, que, muitas vezes, ocorrem antes mesmo de elas saberem que estão grávidas. Se, porém, a gravidez prosseguir e a mãe continuar "canabizando", o feto continua a receber THC, que dificulta – ou até inibe – a síntese do DNA e tem forte ação sobre células germinativas (que se vão transformar em outras células) e sobre os neurônios em crescimento. Desse modo, os fetos nascem mais fracos, com menos peso e menor estatura.

A gravidez deve ser um gesto de amor ao feto, pois ele depende totalmente da mãe. Tudo aquilo que o sangue da mãe recebe é passado ao feto, porque o sangue que circula entre a mãe e o feto é o mesmo, transmitido pelo cordão umbilical. Em geral, a mãe não quer prejudicar seu feto, mas a usuária de drogas não respeita o ser que carrega em si, que é totalmente indefeso. O resultado desse desamor fatalmente deixará no bebê marcas, que ele carregará para o resto de sua vida, principalmente se o cérebro tiver sido atingido.

Numa experiência com macacas grávidas, era-lhes oferecida uma ração diária de THC, equivalente a um cigarro de maconha. Dos filhos dessas macacas, 44% nasceram mortos; os sobreviventes nasceram com distúrbios de desenvolvimento, sobretudo cerebral, além de apresentarem fissuras no céu da boca.

O THC acumula-se também nos testículos, diminuindo a produção, a vitalidade e a qualidade dos espermatozoides e da testosterona. Isso acaba ocasionando a diminuição da excitação sexual e, no caso de uma gravidez, favorecendo a malformação do feto.

53. Carinho e amor podem ser remédios para o tratamento de dependentes químicos?

Em qualquer tratamento, são importantes carinho e amor; para os dependentes químicos mais ainda, pois eles são muito carentes. Tais sentimentos, porém, não podem ser simplesmente dadivosos, gratuitos. Isso só se faz com recém-nascidos, e, à medida que a criança cresce, é preciso cobrar sua retribuição de afeto dentro dos limites próprios de cada idade. Assim, ela vai sendo educada a retribuir, devolver, trocar, compartilhar, ajudar, quando puder, quem precisa; ela valoriza a si mesma e as pessoas que a cercam.

Dizer palavras afetuosas e dar boa comida, boa roupa e carinho não basta. Educar é ensinar o que são responsabilidade, honestidade, justiça, gratidão, autopreservação, solidariedade. Amar apenas não é o suficiente; é preciso transmitir uma filosofia de vida saudável.

Muitos pais amam seus filhos, mas não os educam. Temem cobrar-lhes responsabilidade a fim de não os sobrecarregar. Mas, ao contrário do que se pensa, são justamente os filhos superprotegidos, sem limites, os afetivamente mais carentes e os que têm de tudo que se sentem frustrados como se lhes faltasse algo que não pode ser materialmente preenchido. E querendo preencher o vazio interior, suprir a angústia, podem chegar à droga e facilmente tornar-se dependentes químicos, pois, além do prazer, a droga nos faz "desligar" da angústia, da carência afetiva.

Conforme a etapa do vício, o tratamento precisa ser iniciado pela internação, para desintoxicar o dependente químico. Somente com muito amor, os pais tomam essa atitude extrema. Agradar e fazer todas as vontades do dependente químico não é amor, é submissão a seus caprichos doentios, portanto uma cumplicidade patológica que reforça a doença.

Além de amor e carinho, são também importantes a convivência e a companhia em todos os momentos.

Quando os pais continuam dando o mesmo tipo de amor que davam antes de o filho se drogar, pode ser que eles estejam sendo coniventes com a atitude do filho. É preciso lembrar que não é somente por falta de amor que o filho procura as drogas. Se ele puder fazer tudo o que tiver vontade sem ter de arcar com as próprias responsabilidades, isto é, não tiver de obedecer a limite algum, disciplina e ética, poderá muito facilmente consumir drogas. Para saber mais sobre esses valores, leia o livro de minha autoria *Quem ama educa!*, da editora Gente.

54. O que são e como se classificam os psicotrópicos?

Psicotrópicos são todas as substâncias que, em nosso organismo, são atraídas pelo cérebro. Eles modificam seu funcionamento, podendo trazer alterações físicas, comportamentais e psicológicas.

Eles são classificados em três tipos: psicoestimulantes (ou psicoanalépticos, ou estimulantes centrais), sedativos (ou psicolépticos) e psicodislépticos (ou alucinógenos). Veja a seguir as características de cada um.

Psicoestimulantes (ou psicoanalépticos, ou estimulantes centrais) são drogas que provocam o aumento da atividade motora ou psíquica, como:

1) anfetaminas ou bolinhas, exemplificadas por:
   - ✓ anfetaminas estimulantes da vigília (exemplo: Metanfetamina);
   - ✓ anfetaminas inibidoras do apetite (exemplo: Fenproporex).
2) cocaína
3) cafeína e outros estimulantes menores

Sedativos (ou psicolépticos) são drogas que diminuem a dor e combatem a insônia, os estados de ansiedade e de agitação psicomotora. Exemplos:

1) álcool
2) hipnóticos, que combatem a insônia, como:
   - ✓ barbitúricos (exemplo: Gardenal);
   - ✓ não barbitúricos (exemplos: Mogadon, Dalmadorm, Dormonid e Sonebon).
3) ansiolíticos, que são calmantes que diminuem a ansiedade
4) narcóticos ou hipnoanalgésicos, que apresentam três propriedades farmacológicas fundamentais, como aliviar a dor, produzir hipnose e induzir à dependência, exemplificados por:
   - ✓ opiáceos naturais (exemplos: morfina e codeína);
   - ✓ opiáceos semissintéticos (exemplo: heroína);
   - ✓ opiáceos sintéticos (exemplo: Metadona).
5) solventes (cola de sapateiro, benzina e acetona)

Psicodislépticos (ou alucinógenos) são drogas perturbadoras da atividade do sistema nervoso central. São os chamados despersonalizantes, porque desestruturam a personalidade, e também são conhecidos por psicomiméticos, pois mimetizam uma psicose. Fazem parte desse grupo:

1) alucinógenos primários, que têm como principal efeito a alucinação e são classificados em:
   - ✓ sintéticos (exemplo: LSD);
   - ✓ naturais:
   - ✓ derivados da maconha (haxixe e tetraidrocanabinol [THC]);
   - ✓ derivados indólicos (de plantas e cogumelos);
   - ✓ derivados do peiote.
2) alucinógenos secundários, que provocam alucinação como efeito secundário e são constituídos por:
   - ✓ anticolinérgicos
   - ✓ outras substâncias em doses elevadas

(Classificação adaptada de L. Chaloult, 1971.)

A maconha e outros alucinógenos são hoje classificados como perturbadores do sistema nervoso central. Mesmo que o dependente químico diga "uso porque quero e paro quando eu quiser", a droga já escapou de seu controle. E ele usa porque precisa e não porque quer.

A **nicotina** foi incluída nas drogas psicoestimulantes pelo médico Augusto Jorge Cury. E, segundo o médico e pesquisador José Rosemberg, ela pode afetar todos os órgãos por sua ação estimuladora, em pequenas doses, e ser depressiva, em doses maiores, sobre todos os nervos que são ativados pela acetilcolina.

55. Por que um dependente químico quer cada vez mais drogas?

São muitos os motivos que o levam a isso. Citamos alguns a seguir.

✓ O dependente químico apresenta **tolerância**, isto é, precisa de doses cada vez maiores para sentir o efeito das primeiras vezes em que consumiu droga.

✓ Se o dependente químico buscou a droga tentando resolver um problema, complicou-o ainda mais, porque se enfraqueceu com ela, e a solução simplesmente foi adiada. Agora com um problema maior, apresenta novas justificativas para usar mais drogas. Desse modo, fica estabelecido o círculo vicioso: problema/droga/problema.

✓ Como algumas drogas apresentam efeitos colaterais, o dependente químico pode utilizar outras drogas para combatê-los.

✓ A personalidade do dependente químico fica tão prejudicada que sua autopreservação desaparece, e ele não se incomoda mais em aumentar seu consumo de drogas, engolindo tudo o que vê a sua frente.

✓ Para não sofrer com a síndrome de abstinência, o dependente químico consome mais drogas, mesmo não desejando usá-las.

✓ O sentimento de autodestruição no dependente químico

é tão forte que ele passa proposital e ostensivamente a se destruir.

Nem sempre um dependente químico quer cada vez mais drogas. Frequentemente, ele precisa consumir mais drogas por causa da pressão do próprio vício.

A maconha é erroneamente considerada a porta de entrada de outras drogas, porque, geralmente, o que precede o uso da maconha é o tabaco, e o que faz uma pessoa procurar outras drogas é a sua insaciabilidade, e não a maconha.

56. Além da Aids, existem mais doenças ligadas às drogas?

Sim; todas as outras doenças transmissíveis pelo sangue, pois, com o uso de seringas contaminadas, pode-se contrair hepatite B, septicemia, endocardite bacteriana subaguda (inflamação das paredes e das válvulas cardíacas) etc. As doenças são comuns a cada tipo diferente de droga utilizada.

O **álcool** causa hepatite, pancreatite, neurites, diabetes, hipertensão, ascite (barriga-d'água). O **tabaco**, câncer de pulmão, enfisema pulmonar, hipertensão, problemas cardiovasculares etc. De cada doze pessoas com câncer de pulmão, onze são fumantes. Fumar é também a maior causa das enfermidades cardíacas. A **maconha** pode causar, além das mesmas doenças provocadas pelo tabaco, infecções generalizadas.

57. Quais são as dificuldades de um fumante ao tentar parar de fumar?

A melhor maneira de entender as dificuldades que um fumante encontra para parar de fumar é conhecer e compreender os tipos de tabagista, visto que as reações são muito variadas por serem muito pessoais. O médico e pesquisador José Rosemberg transcreve, em seu livro Tabagismo, um relatório do Royal College of Physicians (Conselho Real de Medicina), do Reino Unido, que classifica sete tipos de tabagistas:

1. Fumantes de situações especiais (os das reuniões sociais).
2. Fumantes pelo prazer sensorial e pelo ritual da manipulação do cigarro.
3. Fumantes que buscam aumentar o prazer de situações por si só agradáveis. Estima-se que esta seja a forma mais comum. Este tipo pode passar horas sem fumar até que se apresente outra situação convidativa.
4. Fumantes de situações desagradáveis. A distensão que o cigarro lhes proporciona, a derivação da emotividade e a satisfação do ritual de manipulação do cigarro facilitam a enfrentar melhor essas situações.
5. Fumantes que buscam os efeitos estimulantes da nicotina, pensando obter ajuda na concentração do trabalho mental, ou acalmia para manter o bom desempenho durante tarefas monótonas, ou ainda para vencer situações de tensão.
6. Fumantes impulsionados a fumar a cada 15 ou 30 minutos para aliviar ou evitar os sintomas desagradáveis da falta de nicotina.
7. Fumantes que acendem automaticamente um cigarro após outro e somente se sentem seguros com um cigarro na mão.

Os três primeiros tipos **não** estão farmacologicamente presos ao tabaco; os quatro últimos são **nicotino-dependentes**, sendo os dois últimos em maior grau, e podem ser classificados como **tabacômanos**.

Existem pessoas que param de fumar aos poucos, acostumando-se devagar com a ideia de não fumar mais, e adquirem novos hábitos, mais saudáveis, e modificam outros, menos saudáveis. Algumas cortam o cigarro de uma hora para outra e suportam todas as consequências decorrentes. Porém, a maioria dos fumantes já tentou parar e não conseguiu por não resistir a ficar sem o cigarro ou por falta de uma motivação realmente forte. Muitos fazem até brincadeiras sobre essas tentativas:

"É muito fácil parar de fumar, eu mesmo já parei 14 vezes...". Quem para tantas vezes é porque nunca parou de fato.

Além dos diferentes tipos de tabagista, é preciso ainda considerar outros fatores que interferem na dificuldade dos fumantes em largar o vício. Vejamos quais são eles.

✓ **Oralidade**, ou seja, a necessidade e o prazer de levar tudo à boca como um bebê.

  As pessoas que param de fumar e não resolvem sua oralidade continuam sentindo necessidade de colocar alguma coisa substitutiva na boca (balas, doces etc.). No entanto, não percebem que a oralidade do fumante é diferente da do comedor, pois a fumaça, apesar de entrar pela boca, vai aos pulmões e não ao estômago, como a comida. Portanto, a saciedade não é concreta, é aérea, o que faz com que o fumante continue insatisfeito mesmo que coma doces ou chupe balas. Por causa da oralidade não resolvida, o fumante pode trocar de vício: em vez de fumar cigarros, passa a fumar **cachimbos** ou **charutos**.

  Como a fumaça do charuto e do cachimbo não precisa ser tragada, porque, sendo alcalina, é absorvida pela mucosa bucal, pensa-se erroneamente que não faz mal à saúde. No entanto, o cachimbo é um dos grandes causadores do câncer de língua, pois, ao prendê-lo com os dentes, o cachimbador muda de tal modo sua mordedura que, quando aspira a fumaça, a lança, em fortes jatos, sempre em um ponto da língua, onde provavelmente surgirá a doença.

✓ **Ansiedade.** As pessoas ansiosas não conseguem ficar paradas, e os fumantes ansiosos acendem um cigarro para "fazer alguma coisa". Quando param de fumar, a ansiedade, então, aumenta.

✓ **Hábito.** Para o dependente químico, o cigarro faz parte de suas atividades cotidianas: fumar após um cafezinho, ao conversar com alguém, ao ir ao banheiro etc. Finalizar uma refeição sem um cigarro, por exemplo, pode ser uma enorme insatisfação; parece-lhe que fica faltando algo.

- ✓ **Constantes estímulos.** O ex-fumante é a todo momento bombardeado por pessoas fumando ou lhe oferecendo cigarros, e tudo isso desperta o desejo de fumar. Portanto, ele tem necessidade de lutar continuamente contra esse desejo.

É tão difícil parar de fumar que, quando param, os dependentes químicos chegam até a sonhar que estão fumando. Acordam com a nítida sensação de ter fumado e chegam a ficar com sentimento de culpa.

O que talvez possa ajudar os tabagistas é fazer com que saibam que a nicotina pode provocar dependências psicológica e física. A física é responsável pela síndrome de abstinência, com os sintomas mais frequentes de sensação de necessidade de fumar, inquietação, irritabilidade, ansiedade, nervosismo, fadiga, insônia, mudança do ritmo cardíaco, depressão, constipação intestinal, dificuldade de concentração e realização de trabalhos, mesmo os automáticos.

A nicotina atinge o cérebro um minuto após a primeira tragada; em pequenas quantidades, pode ser estimulante, mas em doses maiores costuma ser depressiva. Os pulmões absorvem mais de 95% de toda a nicotina que passa da boca até os alvéolos pulmonares. Em meia hora, ela é decomposta e transformada em cotinina. Tanto a nicotina quanto a cotinina são responsáveis pela vontade de fumar rapidamente, outra vez. Como a nicotina é tóxica, é comum que se passe mal nas primeiras tragadas, mas, como ela logo cria tolerância, o mal-estar diminui ou desaparece, gerando a seguir a dependência. A nicotina vicia mais rapidamente que o álcool e pode viciar ainda mais rápido que a heroína.

Uma grande ajuda aos fumantes que querem parar de fumar é a insistência de familiares e amigos não fumantes para que larguem o vício. É vexatório a ele ter de sair da roda de amigos para fumar, sabendo que, além de desagradável, isso é prejudicial à própria saúde.

58. As pessoas que ficam em contato diário com fumantes podem ter algum problema? Qual? Por quê?

Sim. Como não conseguimos ficar sem respirar, tudo o que o ar contém é absorvido por nossos pulmões, visto que nosso organismo não dispõe de filtros. Desse modo, a fumaça do cigarro entra nos pulmões, fazendo-os absorver os componentes do cigarro, como se tivéssemos fumado. É claro que há menor concentração de fumaça no pulmão de quem não fuma, porém a absorção de fumaça é maior do que a do fumante, já que o pulmão do não fumante não está comprometido.

A pior fumaça é a que vem diretamente do cigarro aceso, porque ela não passa pelo filtro do cigarro, que retém uma boa parte das substâncias cancerígenas.

Fumantes involuntários ou **passivos** são todos os não fumantes que recebem dentro de si os componentes do cigarro. Por exemplo, o feto de uma grávida tabagista, cuja placenta é maior que na abstêmia, para compensar a menor oxigenação de seu sangue e garantir o suprimento de oxigênio necessário a ele; e o feto é menor porque recebe nicotina e monóxido de carbono. Outros fumantes involuntários são as crianças pequenas, que acabam apresentando bronquites, alergias etc., e os adolescentes e os adultos que se encontram ou vivem em ambientes fechados, onde há tabagistas fumando. Se existe fumaça suficiente para provocar irritação nos olhos, o não fumante absorve o equivalente a um cigarro em uma hora. Podem, portanto, ficar com dor de cabeça, irritação nos olhos e no nariz, tosse etc.

O epidemiologista japonês Takeshi Hirayama examinou 91 540 mulheres que não fumam, mas cujos maridos fumam pelo menos um maço de cigarro por dia. Entre essas mulheres, foi 100% maior o número de casos de câncer de pulmão que entre mulheres não fumantes de maridos não fumantes.

59. O dependente químico pode tornar-se agressivo e até matar pessoas?

Sim, o que pode acontecer em dois momentos principais. Primeiro, **quando ele quer a droga e não a tem**. Para consegui-la, faz de tudo, desde roubar até matar. Pode roubar a droga, o dinheiro para comprá-la, ou objetos de valor para vender ou trocar pela droga. Quem ganha com isso é somente o traficante; a sociedade, o dependente químico e a vítima do roubo perdem sempre algo.

Segundo, quando ele está **sob o efeito da droga**. Existem drogas que alteram tanto o comportamento do dependente químico que o tornam mais agressivo, violento e impulsivo. Ele fica tão descontrolado que chega a matar.

Observamos, com certo espanto e terror, que, nos últimos tempos, casos em que isso acontece não têm sido raros. No final de 2002 e início de 2003, o Brasil foi sacudido por muitos crimes de jovens que mataram pais, avós e tios porque queriam dinheiro para comprar drogas. Um dos piores exemplos desse descontrole provocado pelo uso de droga ocorreu em março de 2003, quando um pai, após um acidente de trânsito, arremessou seu filho de colo contra o para-brisa de outro carro que passava e depois bateu, fortemente, várias vezes, a cabeça da filha de seis anos numa árvore, enquanto a mãe, que também estava junto, nada fez para impedi-lo e batia a própria cabeça na mesma árvore. Após exame toxicológico, foi constatado que os pais haviam consumido cocaína.

Muitas esposas de alcoólatras são mortas por seus maridos em pleno delírio de ciúme: eles têm a certeza psicótica, em seus delírios doentios, de que suas esposas os estão traindo, apesar de não ser verdade.

Cronistas árabes já descreviam, no século X, um abuso generalizado do uso de maconha e sua associação com o crime. ***Hashish***, em árabe, significa "erva". A palavra **assassino**, por sua vez, vem de ***haschichins***, que designa o usuário de haxixe.

A maconha diminui a capacidade de tolerância, de superação das frustrações de seus usuários. Quando querem usá-las, tornam-se agressivos, violentos e alguns chegam a agredir fisicamente os pais.

As anfetaminas também facilitam a exteriorização de impulsos agressivos pelo fato de induzirem a um estado de grande excitação e sensação de poder. Tais impulsos, associados à irritabilidade e à incapacidade de julgar adequadamente a realidade, tornam seus usuários socialmente perigosos.

60. A droga influi no desenvolvimento da pessoa?

Sim, em três níveis: biológico, psicológico e social.

✓ **Desenvolvimento biológico.** O feto é diretamente atingido por tudo que a mãe ingere. Se forem alimentos saudáveis, isso o ajuda. Se forem drogas, venenos, poluição, isso o prejudica. A maioria das drogas atravessa a barreira placentária e atinge estruturas biológicas em formação, que são muito mais vulneráveis que as já formadas. A maconha, por exemplo, dificulta a síntese do DNA (ácido desoxirribonucleico), que é o constituinte fundamental dos genes e dos cromossomos responsáveis pela hereditariedade. A maconha também dificulta o desenvolvimento dos neurônios, prejudicando a formação do cérebro fetal. Imagine se a mãe cheirar cola de sapateiro, que destrói neurônios já formados, o que provocará no frágil cérebro ainda em formação?

Em termos biológicos, todas as células passam por quatro etapas: formação, crescimento, produção e morte. A maioria das drogas prejudica principalmente as duas primeiras etapas, afetando, portanto, seu desenvolvimento.

As crianças e os adolescentes são mais vulneráveis que os adultos aos efeitos das drogas, justamente por estarem em desenvolvimento. A puberdade, aliás, é um dos períodos mais vulneráveis por que passa o ser humano, pois, nesse período, manifestam-se suas características sexuais secundárias, sendo grande o movimento de hormônios, de crescimento celular com consequente maturação de muitos órgãos e estruturas cerebrais, neurológicas e corporais. Toda essa movimentação orgânica torna o púbere muito suscetível aos efeitos prejudiciais da droga em seu desenvolvimento e crescimento.

✓ **Desenvolvimento psicológico.** A parte psicológica é constituída pelo potencial físico (biológico) e pelas experiências de vida. Portanto, as drogas que atingem e/ou destroem os neurônios (biológicos) atrapalham também o desenvolvimento psicológico. As experiências emocionais negativas, provenientes do uso de drogas, podem diminuir a autoimagem do usuário, desvalorizando-o perante seus amigos não usuários. Os períodos de vida que um dependente químico passa sob os efeitos da droga, "fora do ar", sem nada produzir, colocam-no em desvantagem em relação aos outros, que, durante esse mesmo tempo, fizeram algo útil, colaborando para o próprio desenvolvimento psicológico. Repetir de ano é atraso de vida, não importa qual seja a justificativa. Dizer que "foi bom ter repetido", que "o tempo absorve a repetência", ou que "a maioria repete" são desculpas para tentar negar o prejuízo. E o maior prejudicado é o que teve seu desenvolvimento psicológico afetado.

✓ **Desenvolvimento social.** As drogas prejudicam os desempenhos social, profissional e afetivo, trazendo sérias consequências aos jovens, como repetência escolar, distanciamento da família, brigas com namorado e amigos, rejeição pelos amigos que não usam drogas. Para os adultos, as consequências podem ser perda de emprego, de dinheiro, da família e dos amigos. As drogas somente dão lucro aos traficantes.

61. As drogas afetam nosso físico?

Sim, de modo transitório, intermediário e definitivo. Quando o usuário está sob os efeitos de uma droga, seu físico fica comprometido. Por exemplo, a maconha, durante a intoxicação aguda, que dura de duas a quatro horas, provoca alterações físicas **transitórias**, como moleza no corpo, cansaço, funcionamento vagaroso do cérebro (a pessoa esquece as coisas, fica desatenta etc.). Com o uso contínuo da maconha, virão os **prejuízos intermediários**: diminuição de hormônios sexuais femininos e masculinos, baixa resistência do organismo às infecções etc. Por fim, há os prejuízos **definitivos**, ou seja, mesmo que a pessoa interrompa o uso, uma vez que eles estão estabelecidos, são irreversíveis, como: o câncer de pulmão nos canabistas ou os depósitos de tetraidrocanabinol (THC) no cérebro.

Existem muitos outros efeitos físicos provocados por diferentes drogas. Os mais graves são: emagrecimento, convulsão, parada cardíaca, *overdose* e morte (provocados por cocaína); dependência física, síndrome de abstinência e morte (causados por morfina, heroína e ópio); destruição de células nervosas e embriaguez (provocados por éter, lança-perfume, cola de sapateiro e inalantes em geral).

Os alucinógenos provocam psicoses transitórias, intermediárias, que precisam ser tratadas com medicações psiquiátricas, e definitivas, que desencadeiam uma psicose esquizofrênica que já estava latente na pessoa. Mesmo que bem tratada psiquiatricamente, a psicose deixa sequelas definitivas na personalidade. Se não tivesse sido desencadeada pelos alucinógenos, poderia continuar latente para o resto da vida.

62. Por que alguns médicos receitam drogas (remédios) contra a depressão, se elas causam dependência?

Devido ao uso popular, a palavra **depressão** perdeu o significado psiquiátrico e passou a significar tristeza. "Estou deprê", na fala dos jovens, quer dizer "estar muito triste". A tristeza é o polo oposto da alegria e faz parte do humor natural. Ela é proporcional ao estímulo recebido e não deve ser medicada porque, naturalmente, temos força para suportá-la.

A doença depressão é muito mais forte que a tristeza e domina a pessoa, tirando-lhe qualquer possibilidade de recuperação por vontade própria. Pode ser cíclica, isto é, aparecer e desaparecer periodicamente, alheia à vontade de quem quer que seja. Os sintomas dessa doença são: sofrimento e agonia muito grandes; perda da capacidade de resolver as situações do cotidiano, da expressão facial, do humor e do apetite; desânimo; pensamentos sombrios; ideias de suicídio; etc. Em geral, esse tipo de depressão tem fortes tendências hereditárias e deve ser medicada por psiquiatras com antidepressivos que não viciam e não causam dependência, nem física nem psíquica.

A confusão que os leigos fazem é entre antidepressivos e psicoestimulantes. Ambos podem elevar a vigília, mas somente os antidepressivos tratam a depressão. Os psicoestimulantes não têm ação sobre os núcleos depressivos; eles viciam e causam dependência psicológica, sendo utilizados pelos leigos para aumentar o tempo de vigília ao estudar em véspera de provas, por exemplo, ou para trabalhar numa jornada extra, ou ainda para tirar o apetite (forçando um regime de emagrecimento).

Como primeiros tratamentos contra a depressão severa (endógena) com riscos de suicídio foram usados os eletrochoques. Depois vieram os IMAO (inibidores da monoaminoxidase), que não eram muito práticos, visto que seus usuários não podiam ingerir leite nem seus derivados. Em seguida vieram os tricíclicos que tinham o inconveniente de engordar as pessoas.

Atualmente os antidepressivos estão divididos em fluoxetinas e paroxetinas, que não engordam, têm poucos efeitos colaterais e são de fácil administração. Isso comprova o quanto a medicina estuda suas medicações para aperfeiçoá-las, o que não ocorre com as drogas que os traficantes vendem.

63. Por que os médicos utilizam morfina para aliviar a dor?

A morfina é um dos analgésicos mais potentes que existem. Há dores que apenas a morfina consegue aplacar; os outros analgésicos não resolvem. Em geral ela é usada em quadros neurológicos, politraumatismos, complicações pós-cirúrgicas, câncer terminal etc. Nesses casos, se os médicos não receitarem a morfina, as pessoas passam o tempo todo urrando de dor. Mas, como é uma indicação médica, aplicada sob controle em pacientes que, muitas vezes, nem sabem o que estão tomando, pelo estado de sofrimento em que se encontram, eles não se viciam.

Os que se viciam são os que utilizam a morfina por conta própria, sem indicação médica, portanto fora de controle.

Atualmente existem analgésicos tão potentes quanto a morfina, mas com maior facilidade de administração e com efeito menos viciante.

64. É possível livrar-se sozinho da dependência das drogas?

Da **dependência física**, é praticamente impossível. Os dependentes químicos (como são chamados os dependentes físicos pelos que tratam dos toxicômanos), quando não usam drogas, apresentam a síndrome de abstinência, que traz muito sofrimento e pode levá-los à morte. Assim, mesmo que não queira mais usar a droga, o dependente acaba sendo obrigado a consumi-la para combater a síndrome. Desse modo, perpetua o uso até morrer, caso não procure ajuda. Nesse estágio, o dependente tem de ser internado para desintoxicar-se e cortar o círculo vicioso. Isso geralmente é feito em hospitais especializados, porque, simultaneamente ao tratamento do corpo, tem de ser feito também o da psique. Caso contrário, ao sair do hospital, rapidamente o dependente químico volta a seu vício. A parte hospitalar pouco depende dele, mas a psicológica depende só dele, pois o tratamento não pode ser feito a sua revelia, não pode ser simplesmente imposto; tem de existir a colaboração voluntária do dependente para livrar-se da droga e reorganizar sua vida em bases mais saudáveis.

Existem situações em que o paciente deve ser internado contra sua vontade, e essa decisão cabe ao médico, juntamente com a família. São exemplos de internação forçada: quando há risco de suicídio; ameaça à vida de outras pessoas; a vida do dependente químico está ameaçada por traficantes em razão de dívidas ou por ser "arquivo vivo"; o dependente está num estado de compulsão fora de controle, estado psicótico causado pela droga.

Da **dependência psicológica**, a pessoa pode livrar-se sozinha, mas é bastante difícil, pois depende de quanto sua saúde psíquica está comprometida. Quanto maior o envolvimento, maior a dificuldade de recuperação, portanto maior também a necessidade de receber ajuda.

O comprometimento mede-se pela quantidade ingerida, pelo tempo e pela frequência de uso e pela identificação com as outras áreas de sua vida que estão prejudicadas (família, escola, trabalho, sexo etc.).

Existem curas conversivas, isto é, o usuário converte seu vício em dedicação extrema à religião, à recuperação de outros dependentes químicos etc. Essas transformações demonstram que, se o usuário realmente quiser largar a droga, ele consegue.

65. O prazer que a droga provoca é semelhante ao prazer sexual?

O prazer químico e artificial, provocado pela droga, é muito diferente do prazer sexual, fisiológico e natural.

O prazer sexual é resultado de um relacionamento afetivo-sexual. O prazer relacional aumenta à medida que acontece o envolvimento afetivo. O prazer da paquera é menor que o prazer do toque, que é menor que o prazer do beijo, que é menor que o prazer do orgasmo de uma relação sexual. Após o prazer sexual, tem-se satisfação, tranquilidade e sensação de realização e, muitas vezes, de amar e ser amado. A felicidade é conjunta. O prazer sexual construtivo alimenta o ego, faz bem ao corpo; frequentemente é um ato de amor.

O prazer químico é solitário. Atinge a máxima intensidade logo nas primeiras vezes que se usa a droga e depois, quanto mais se usa, mais o prazer diminui, por causa da **tolerância** que ela cria no corpo. O corpo registra, por meio da memória corporal, o pico do prazer máximo e passa a exigir o que ele conhece, não se contentando com a diminuição do prazer químico. Dessa maneira, é estabelecida a **dependência**. É quando o usuário passa a precisar de maior quantidade de uma droga ou passa a usar outra droga mais forte: é a **escalada** da droga. Quanto mais o usuário busca o prazer químico, mais ele se afasta das pessoas e menos as ouve. Após o prazer químico, vem uma sensação de desprazer e depressão, que pode induzi-lo a usar mais drogas, caindo num círculo vicioso que destrói cada vez mais o usuário. Não existe mais paz de espírito, muito menos felicidade. O prazer químico é destrutivo, exaure o ego, definha o corpo: é dor.

66. O que pode acontecer se, ao fazerem sexo, as duas pessoas estiverem drogadas?

Uma das maiores consequências é a impossibilidade de realizarem o ato sexual por falta de ereção peniana no homem e falta de lubrificação vaginal e orgasmo na mulher. Essas impotências dependem da quantidade da droga utilizada. Quanto maior o comprometimento físico e o envolvimento psíquico, maior a impotência.

No caso de cocainômanos, é bastante comum o homem ter ereção sem atingir o orgasmo, o que provoca nele uma violenta agressividade contra a mulher. Pode bater nela e até matá-la.

Pequenas quantidades de álcool, como vinho ou champanha, saboreadas num bom clima de afeto, podem auxiliar na liberação da excitação sexual. Se ela não existir, não adianta beber, porque o álcool não a cria. O que geralmente acontece é o contrário: um pouquinho mais de álcool que o indicado prejudica bastante o desempenho sexual, provocando principalmente impotência masculina e frigidez feminina.

Alguns usuários de maconha dizem que, quando "canabizados", sentem-se mais erotizáveis, com muitas fantasias sexuais e orgasmo mais intenso. Isso é difícil de ser cientificamente comprovado; entretanto, sabe-se que existe uma liberalidade sexual maior entre os canabistas. Com o uso prolongado, devido à diminuição dos hormônios sexuais, o apetite sexual dos canabistas diminui.

67. Se uma pessoa alérgica a medicamentos experimentar drogas, pode ter uma crise e morrer?

Sim. Em um processo alérgico, a sensibilidade geral amplia-se, o que aumenta o leque dos alérgenos (provocadores de alergia). A alergia a certos medicamentos pode sensibilizar a pessoa a outras drogas que apresentam estruturas moleculares semelhantes a esses medicamentos. Existem alergias que provocam edema (inchaço) de glote e/ou choques anafiláticos, que, por sua vez, podem levar a pessoa à morte, se ela não for atendida a tempo. No edema de glote (que fica na garganta), ela vai inchando, impedindo a passagem de ar, até acabar matando por asfixia.

68. Como são os disfarces para o uso da maconha?

O mais comum é o usuário utilizar colírio para tirar a vermelhidão dos olhos. Ele também fuma cigarro ou chupa balas de forte cheiro para disfarçar o mau hálito. Quando o odor pega nos cabelos, é comum passar perfume neles. Ele também pode apertar, com a ponta dos dedos, plantas de aroma forte para que o cheiro da maconha desapareça dos dedos.

Entretanto, o que mais chama a atenção é a presença da fumaça de maconha, conhecida como "marofa". Portanto, é importante saber também como se disfarça a "marofa", principalmente do quarto. Para isso, o usuário costuma: acender incenso e/ou utilizar produtos como desodorizadores de ambiente ou perfumes fortes para competir com o cheiro da maconha; ligar o ventilador e abrir janelas mesmo no frio; ligar o chuveiro bem quente para que a "marofa" vá embora com o vapor e não se condense e grude nas paredes.

69. Sai caro um tratamento contra drogas?

Sai. Do ponto de vista econômico, gasta-se muito dinheiro, porque o serviço de internação e os profissionais são especializados, além da longa duração do tratamento, que é de alguns meses a vários anos. As internações em serviços públicos geralmente são mais precárias, sendo raro o atendimento especializado, pois o governo não libera dinheiro suficiente para esse fim. Funcionam bem as instituições de caridade, porém o número de vagas é muito restrito ao grande número de necessitados. Tratamentos clínicos em consultórios, acompanhados de psicoterapia, também têm custo altíssimo.

Do ponto de vista psicológico, o desgaste também é muito grande, porque o tratamento de um dependente químico tem de ser assumido por outra pessoa (geralmente os pais ou a família) que se responsabilize por ele, material e psicologicamente. Às vezes, nem os pais aguentam tanto tempo, pois o dependente químico dá muito trabalho, mente, rouba, promete coisas que raramente cumpre, entra em depressão, torna-se agressivo com quem está por perto. É raro também agradecer o que fazem por ele, corresponder ao que esperam dele ou reconhecer o empenho das pessoas que o cercam, a fim de livrá-lo do vício, e a ajuda que está recebendo.

Um tratamento bastante eficiente e que financeiramente não custa nada são os grupos anônimos de mútua ajuda, muito bem estudados pelo psicanalista Eduardo Mascarenhas. São mais de 4 mil grupos anônimos espalhados pelo país: os Alcoólicos Anônimos (AA), os Alcoólatras Anônimos (Alanon), os Narcóticos Anônimos (Naranon) e os grupos do Amor Exigente.

Os grupos do Amor Exigente são muito eficientes principalmente quando os pais põem em prática seus dez passos. É uma maneira de os pais deixarem de ser coniventes com o uso das drogas por seus filhos.

Eles reúnem não só os dependentes, mas também seus amigos e familiares, para que saibam todos como enfrentar os problemas que a droga acarreta. Dessa maneira, tornam mais eficiente o tratamento.

Hoje, no Brasil, são cerca de 15 milhões de pessoas atingidas pelo alcoolismo. Os tratamentos clínicos, em hospitais ou consultórios, são insuficientes para atender tanta gente.

70. É verdade que a droga traz mais força?

Somente algumas drogas, em geral os psicoestimulantes. Na maioria das pessoas, a cocaína, entre outros efeitos, desencadeia uma sensação de aumento de energia. As anfetaminas (bolinhas) aceleram as funções psíquicas: diminuem a necessidade de sono; o raciocínio acelera; a memória fica exaltada e a atenção, exaltada e dispersiva; e a pessoa sente força e disposição incomuns.

Os esteroides anabolizantes aumentam bastante a massa muscular e a força física, mas apresentam muitos efeitos colaterais prejudiciais à saúde, a ponto de seu uso ser condenado. São os esportistas que mais os utilizam para aumentar seu desempenho físico. (Para mais detalhes, veja a resposta 42.)

O "pó de anjo", que praticamente é desconhecido no Brasil, é mais utilizado nos Estados Unidos por dependentes químicos ligados ao crime. Ele dá a seus usuários a sensação de superpoder e bloqueia a sensação de dor. (Para mais detalhes, veja a resposta 118.)

71. Terapias psicológicas ajudam os dependentes químicos?

Sim. Elas são importantes em todas as etapas do envolvimento com a droga, pois atuam nos valores pessoais, na filosofia de vida de cada um, resolvem os conflitos e modificam a postura do indivíduo perante a droga. Tudo isso favorece o entendimento do vício, de modo que o dependente químico tenha forças para enfrentar e solucionar a questão. Mesmo quando o tratamento é biológico (internação para desintoxicação), o auxílio das terapias psicológicas é importantíssimo para que a pessoa compreenda tudo o que está acontecendo com ela.

72. Por que o cigarro e o álcool não são proibidos?

A Organização Mundial de Saúde (OMS) não os considerou ilegais por causa da força econômica que representam. As fábricas de bebidas alcoólicas e de cigarros empregam milhões de trabalhadores para produzi-los, desde o plantio da matéria-prima até sua comercialização. Juntos, são um dos pilares das economias nacional e internacional. Do total de Impostos sobre Produtos Industrializados (IPI), o Brasil arrecadou, em 1997, 36,33% sobre produtos do tabaco e 7,71% sobre bebidas. Para termos ideia desses números, basta compararmos com a arrecadação das indústrias metalúrgicas (7,25%) e as de alimentos (0,17%).

Embora seja um mal fumar cigarros, porque é uma prática nociva à saúde, a bebida nem sempre o é: além de o álcool não ser estranho a nosso organismo, em pequenas quantidades é metabolizado pelo fígado, não trazendo nenhuma consequência danosa. Portanto, a bebida – e não o cigarro – pode fazer parte da cultura, de nossa vida social, se usada adequadamente. Por meio de achados arqueológicos medidos pelo Carbono-14, sabe-se que a cerveja existe há pelo menos 74 séculos. (Para mais detalhes, veja as respostas 27 e 119.)

73. Por que a pessoa fica deprimida após sentir prazer com as drogas?

Um dos motivos é que a sensação de prazer é relativa ao estado precedente. Vamos imaginar uma escala de zero (estado inicial ou normal) a dez (estado máximo do prazer). Ao usar uma droga prazerosa, enquanto a sensação estiver subindo, o usuário sentirá prazer. Quando começar a descer (nenhum prazer é infinito), nem que seja apenas um número dessa hipotética escala, já ocorre uma perda do prazer inicial para um menor. Essa queda pode ser sentida por muitos usuários como uma leve depressão, apesar de ainda se sentir "lá em cima".

Após a fase de prazer químico, a cocaína, por exemplo, ativa os mecanismos depressivos nos neurônios cerebrais. Como essa sensação é muito desagradável e sofrida, o usuário usa mais cocaína para evitá-la.

74. Quais são as drogas que viciam rapidamente e quais levam mais facilmente o usuário à *overdose*?

As drogas que viciam rapidamente são: morfina, heroína, *crack*, cocaína e barbitúricos. O álcool pode também viciar rapidamente uma pessoa, porém suas consequências levam muito tempo para se manifestar.

Muitas drogas podem provocar a *overdose*. Citamos algumas delas.

✓ **Heroína** e **cocaína**. Como provocam alterações profundas no sistema nervoso central, podem levar à morte por depressão respiratória (heroína) e por ataque cardíaco (cocaína). Causam ainda convulsão, crises de hipertensão, hemorragia cerebral etc.

✓ ***Crack***. Seu quadro é um agravamento da cocaína, pois é derivado dela.

✓ **Álcool**. Geralmente o coma alcoólico provoca morte se o indivíduo não for atendido, e é mais frequente quando se misturam álcool e calmantes, principalmente barbitúricos. Pelo vômito, porém, o alcoolizado pode eliminar o excesso de álcool de seu organismo ou acabar dormindo antes de chegar à dose letal.

✓ **Barbitúricos**. Ao provocar uma depressão (diminuição da atividade cerebral, de maneira generalizada), induz a pessoa a uma sedação inicial; o aumento da dose leva ao coma e depois à morte.

✓ **Codeína** (derivado do ópio). Está presente em xaropes infantis, como o Belacodid, Setux etc. Podem ocorrer intoxicações acidentais, principalmente em crianças, apresentando torpor, sonolência, miose (pupila contraída), reflexos diminuídos, pele fria, depressão respiratória, coma e morte. Crianças de dois e três anos não têm ainda formados os mecanismos da barreira protetora do cérebro, por isso são mais vulneráveis aos psicotrópicos que os adultos.

✓ **Morfina.** Apresenta um quadro semelhante ao da codeína, porém muito mais intenso e grave. A morte é previsível pelo uso abusivo. Os morfinômanos sabem desse risco, que, aliás, é muito diferente das intoxicações codeínicas infantis.

75. Existe algum tratamento com drogas (remédios) para acabar com o vício?

Sim. É o caso do tratamento para os dependentes de heroína, feito em regime hospitalar. A fim de que o usuário não sofra a síndrome de abstinência, os médicos administram-lhe a metadona, que se encaixa bioquimicamente no organismo como se fosse heroína, "enganando-o". A metadona possui a grande vantagem de não produzir dependências física e psicológica.

Mas esse é um caso particular. Geralmente, não existem remédios específicos contra o mecanismo do vício. Cada droga requer um tratamento especial. E a psicoterapia é mais indicada que qualquer medicação.

76. Por que as drogas são mais usadas por adolescentes?

Porque os adolescentes, em geral, são muito curiosos para experimentar tudo. É uma fase em que a característica principal, dentre as muitas opções, é a procura do caminho que se vai seguir. No campo afetivo, por exemplo, é a idade em que o jovem fica com muitos parceiros, namora bastante e, só mais tarde, estabiliza-se com alguém.

Como a adolescência é um período curto em relação à vida do ser humano, a frequência do uso de drogas nessa época torna-se muito maior, ou seja, acabam-se usando muitas drogas em poucos anos.

Além disso, na adolescência é mais comum o uso de drogas quando o jovem está passando pela **onipotência pubertária** (oposição às regras existentes) e pela **onipotência juvenil** (minimização de riscos, maximização de prazeres), pois, achando que pode fazer tudo sem que nada de ruim aconteça, o jovem abusa da droga, pensando que não vai se prejudicar nem se viciar. (Para mais detalhes, veja as respostas 1, 4 e 37.)

77. A ansiedade e a agressividade são causas ou consequências do uso das drogas?

Raramente alguém usa drogas para controlar a própria agressividade; os que estão à volta de uma pessoa agressiva é que sentem essa agressividade. Como o agressivo tem pavio curto, ele sente, por qualquer motivo, crescer dentro de si uma raiva muito grande, que lhe provoca sensação física de taquicardia, pressão alta, extremidades frias, palidez ou rubor facial, transpiração. Parece, então, que vai explodir; não consegue pensar e acaba descarregando todas essas sensações em quem estiver mais perto. Por essa razão, são levados por seus responsáveis ou conviventes para ser tratados por psicoterapeutas. E um psiquiatra pode, desse modo, receitar tranquilizantes ou outra medicação, de acordo com o diagnóstico. Calmantes, receitados por especialistas e ingeridos conforme orientação e controle médicos para tais casos, raramente viciam.

A ansiedade, por sua vez, prejudica muito mais a pessoa que a sente do que os outros; é uma sensação desagradável que incomoda em qualquer lugar, horário e circunstância. É uma agitação no sangue que perturba todo o corpo, como se ele estivesse vivendo com muita pressa, sem paciência, sempre insatisfeito. Não suportando a si mesmo, o ansioso quer se ver livre de sua ansiedade de alguma maneira e acaba usando drogas. As mais utilizadas são os tranquilizantes, a maconha (pequena quantidade) e o álcool (pequeníssima quantidade). Se procurar tratamento psiquiátrico, ele tomará calmantes adequados. Porém, quando se automedicam, podem se viciar.

Esse tipo de agressividade e de ansiedade pode manifestar-se antes do uso das medicações ou das drogas, mas pode também aparecer com o uso de drogas ou depois.

As drogas que possivelmente provocam agressividade ou ansiedade são:

✓ **álcool**: se bebido numa quantidade que faz a pessoa perder o controle emocional, pode gerar agressividade;
✓ **cocaína**: quando um dos efeitos não desejados pelo usuário é uma agitação psicomotora, ele pode apresentar intensa ansiedade e agressividade;
✓ **maconha**: quando o "canabizado" for solicitado ou provocado, pode reagir com grande agressividade;
✓ **cola de sapateiro**, **benzina**, **solventes** e **inalantes**: em níveis de embriaguez, podem gerar bastante agressividade;
✓ **anfetaminas**: provocam agitação psicomotora, impulsividade, irritabilidade e agressividade. (Para mais detalhes, veja a resposta 59.)

Outra consequência do uso das drogas ocorre no período de abstinência do usuário. Ele pode tornar-se mais ansioso e mais agressivo, pois passa a suportar menos as frustrações e as responsabilidades do cotidiano, visto que se acostumou ao isolamento com as drogas.

Quando o usuário quer usar droga e não a consegue, ou durante a síndrome de abstinência, ele fatalmente se torna muito ansioso e agressivo.

78. O guaraná em pó causa dependência?

Não; porém, se for tomado por pessoas viciáveis, isto é, que se viciam em qualquer substância, independentemente de seus efeitos, elas podem viciar-se, já que o guaraná em pó tem um discutível e discreto efeito euforizante. Existem pessoas que tomam guaraná em pó de manhã, acreditando ter mais energia durante o dia. Não foram observados prejuízos nem benefícios com o uso mais regular do guaraná em pó. O interessante é observar que praticamente ninguém toma guaraná por um tempo prolongado: muitas pessoas que estão desanimadas tomam-no como uma medicação caseira, um psicoestimulante fraco que não faz mal ao organismo.

79. Quantas doses são necessárias para viciar?

Depende da droga. As drogas de maior poder viciante precisam de menos doses para viciar. É o caso do *crack*, que, em poucas vezes de uso, já estabelece o vício. Isso também ocorre com a heroína e a morfina. A cocaína precisa de um pouco mais de uso que as drogas citadas para viciar.

O tabaco pode criar rapidamente o vício, pois, entre as mais de 1200 substâncias presentes no cigarro, a nicotina desenvolve tolerância em pouco tempo de uso.

A maconha, de alto poder viciante (50% dos que a experimentam tornam-se viciados), causa dependência, mesmo que o jovem a consuma apenas ocasionalmente.

No caso do álcool, o vício estabelece-se ao longo de vários anos. Na maioria das vezes, começa-se a consumir álcool na adolescência, e o vício aparece na idade adulta. O grande problema é que os próprios adolescentes não pensam que estão tornando-se alcoólatras.

Uma dificuldade que as pessoas enfrentam é saber estabelecer o limite entre o uso e o abuso, ou seja, reconhecer o limite das doses sem cair no vício. Entretanto, para os dependentes químicos, isso é difícil de saber, pois as drogas tiram das pessoas a capacidade de autoavaliação, visto que o corpo e a psique vão se acostumando aos poucos com elas. Assim, mesmo os que chegaram ao vício não se sentem dependentes químicos e acham que podem parar quando quiserem.

80. Por que as pessoas problemáticas ou revoltadas procuram solucionar seus problemas com as drogas?

Os problemas e as revoltas são consequências de uma fragilidade pessoal, de origem genética (hereditariedade), de problemas de parto ou dificuldades de crescimento físico ou emocional no âmbito familiar ou social. Essa fragilidade dificulta o enfrentamento de problemas que são comuns a todos os jovens, levando-os a não suportar as frustrações nem as responsabilidades naturais da idade. E, para complicar ainda mais, a droga oferece um prazer químico que substitui o desprazer da frustração, com o agravante de que diminui cada vez mais as forças e aumenta a fragilidade que leva às drogas. Daí o círculo vicioso: fragilidade/drogas/fragilidade.

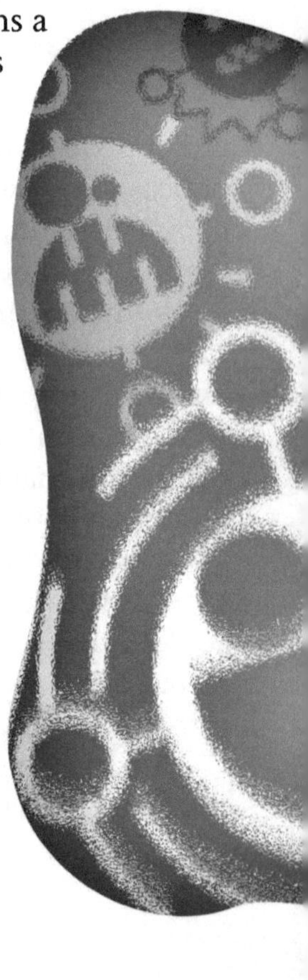

O uso de drogas pelos jovens como manifestação de sua revolta contra os pais ou contra as regras da sociedade, longe de resolver os problemas, complica-os, pois deixa os usuários mais passivos. Como exemplo, basta lembrarmos que os britânicos, para dominar Hong Kong, lá introduziram o uso do ópio a fim de diminuir a resistência local. Além disso, ao consumirem drogas, os jovens revelam aos pais ou à sociedade o quanto são problemáticos, e isso aumenta o controle paterno, o que faz crescer sua revolta e gera um novo círculo vicioso: revolta/droga/revolta.

81. Por que é proibido o uso de drogas se a pessoa se vicia porque quer?

Raramente alguém se vicia porque quer. A pessoa **experimenta** porque quer e, quando experimenta, jamais deseja ou pensa em se tornar um dependente químico. A não ser que esteja querendo morrer, deixando-se matar pela droga, o vício é uma consequência indesejada.

82. Qual é a probabilidade de uma pessoa voltar a se drogar depois de ter passado por uma clínica de recuperação de dependentes químicos?

É alta, porque somente 10% dos dependentes químicos conseguem recuperar-se e não mais voltar a usar drogas.

Uma pessoa que já foi dependente química nunca mais se livra da droga, pois é preciso que tenha sempre em mente sua fragilidade e lute, o tempo todo, contra seu vício. Caso a use, mesmo que seja uma só vez, pode voltar a ele.

Quem controla o vício é a mente, porque o corpo, pela memória corporal do prazer químico, sempre quer senti-lo outra vez. Esse controle é muito bem feito pelos Alcoólicos Anônimos (AA) e Alcoólatras Anônimos (Alanon).

Um fator muito importante para a recuperação de dependentes químicos é a resolução das causas do uso de drogas. Em geral, a psicoterapia busca esse objetivo. São pouco eficientes os tratamentos que visam somente eliminar as consequências do uso de drogas. (Para mais detalhes, veja a resposta 69.)

83. Por que o cigarro está ligado às drogas?

Por produzir dependências psicológica e física, como outras drogas. Os sofrimentos da síndrome de abstinência da nicotina desaparecem com sua injeção endovenosa. (Para mais detalhes, veja a resposta 57.)

Além de não trazer benefícios aos fumantes, o cigarro também não traz aos que lhes cercam. Como todas as substâncias existentes no tabaco são estranhas e prejudiciais a nosso organismo, não existe uso, e sim abuso do cigarro.

Segundo uma recente pesquisa do National Institute on Drug Abuse (Instituto Nacional Contra o Abuso de Drogas), dos Estados Unidos, os fumantes de cigarro são mais propensos a fumar maconha, a tomar bebidas alcoólicas e a fazer uso de cocaína. Conforme publicado na revista *Veja* nº 976, de 20/5/1987, 5% de canabistas eram não fumantes, enquanto 49% eram também tabagistas. (Para mais detalhes, veja a resposta 43.)

84. O filho de uma gestante dependente química nasce normal?

Se a gestante for uma dependente química, isto é, se for dependente física de morfina, heroína, álcool etc., seu feto também o será, pois se trata do biológico e não do psicológico. Desse modo, o feto fica submetido ao que acontece com sua mãe.

Uma mulher grávida e seu feto têm o mesmo sangue circulando, portanto, tudo o que for para o sangue da mãe atinge também o feto. A morfina atinge o cérebro da mãe e o do feto. Se a gestante for morfinômana, o feto também será. Se estiver com síndrome de abstinência da morfina, o feto também estará. Se a gestante, para aplacar os sofrimentos da abstinência, usar mais morfina, que pelo sangue também chega ao feto, este também para de sofrer.

Após o parto, o bebê, que já não recebe mais morfina porque o cordão umbilical foi rompido, pode apresentar a síndrome de abstinência: mal nasceu e já precisa ser tratado, pois a quantidade da droga que passa pelo leite materno não o supre.

Se a gestante for uma dependente psicológica, o feto pode estar também sob os efeitos da droga ingerida pela mãe, porém poucas evidências de sofrimento têm sido observadas após o parto.

Na maioria das vezes em que a gestante usa drogas, mesmo que seja cigarro, existe um sofrimento fetal, observado após o parto pela diminuição de peso e altura e pouca resistência a doenças. A ingestão de bebidas alcoólicas na gravidez também pode comprometer o feto em seu peso e em seu diâmetro encefálico; às vezes, o bebê nasce até com debilidade mental.

Existem ainda medicamentos que são contraindicados às gestantes porque provocam sérias lesões nos fetos. Por exemplo, entre os antibióticos, a estreptomicina pode causar surdez e o cloranfenicol pode levar à anemia aplástica de medula. Há também doenças da mãe que lesam seus fetos, como a rubéola, que, se for contraída durante a oitava ou décima semana de gravidez, pode provocar no bebê anomalias cardíacas, oculares e auditivas.

Para concluir essa questão, é importante reforçar que o sangue que circula na mãe e no feto é praticamente o mesmo, portanto tudo o que afetar a mãe pode afetar muito mais o feto, pois ele é mais vulnerável que sua mãe.

85. Qual a atitude que devemos tomar se soubermos que um amigo está portando drogas?

Se ele estiver somente portando drogas, e não usando, precisamos saber primeiro o porquê, para, então, tomarmos algumas atitudes. Quem porta drogas tem explicações próprias, e as mais comuns são:

✓ tráfico: para ganhar dinheiro;

✓ fazer um "favor" para os amigos, levar de um para outro. Se a polícia pegar alguém nessa situação, vai prendê-lo por tráfico, que é considerado um crime inafiançável; vai-se diretamente para a cadeia sem apelação, segundo a Lei nº 6368 de 21/10/1976, conhecida popularmente por Lei Antitóxico;

✓ guardar para um amigo que não pode levar para a casa dele, pois seus familiares já estão desconfiados dele e prestam atenção a tudo o que faz.

O que se percebe com a experiência é que dificilmente alguém carrega drogas para servir a outro; na maioria das vezes, as pessoas dizem que estão portando para não dizer que estão consumindo.

Uma pessoa, porém, que, pensando ser esperta ao dizer que é apenas portadora, passa por tola, pois está se arriscando em nome de um amigo, que provavelmente não se importaria com o que lhe acontecesse.

A melhor ajuda que podemos dar a quem diz que é somente portador é avisá-lo do risco que está correndo e do quão inocente e bobo está sendo. Caso ele insista em continuar "portando", o melhor a fazer é afastar-se dele.

86. Por que as pessoas misturam drogas? Quais são as misturas mais comuns?

Uma droga pode ter vários efeitos agradáveis e desagradáveis. Para combater os efeitos desagradáveis, os usuários tomam outras drogas.

Um exemplo bastante comum é o que acontece com o uso da cocaína. Depois de inalada, produz euforia, excitação, hiperlucidez e alegria química, que podem durar de alguns minutos a meia hora. Mas ela provoca também uma agitação psicomotora desagradável que dura horas, e o usuário fica agitado, ansioso, irrequieto, insone, taquicárdico etc. É por isso que os cocainômanos usam várias vezes a cocaína, pois os efeitos desejados passam depressa e eles querem senti-los novamente. No entanto, os efeitos desagradáveis acumulam-se. Mesmo após parar de cheirar cocaína, a agitação psicomotora ainda permanece, deixando a pessoa imprestável. Para cortar, então, os efeitos desagradáveis, o cocainômano consome muita bebida alcoólica ou uma grande quantidade de tranquilizantes.

Há pessoas que misturam drogas a fim de aumentar seus efeitos. É o caso do bebedor de cerveja que, para conseguir um nível mais alto de álcool no sangue, toma outras bebidas de elevado teor alcoólico, porque, somente com a cerveja, jamais chegaria ao estado desejado.

Alguns costumam beber e fumar, porque "um molha o que o outro seca" (a boca). Há ainda os que misturam tranquilizantes com álcool para potencializar os efeitos dos primeiros.

Atualmente, várias pessoas misturam álcool e maconha. Para muitos, essa mistura é bastante prejudicial, pois pode tirar a consciência da pessoa ("desligar"), sem que ela desmaie. Um rapaz que foi dirigir após essa mistura capotou seu carro. Ele somente se lembra de ter saído do bar onde bebeu várias cervejas e, no carro, ter acendido um baseado (maconha). Daquele momento até ser retirado do carro capotado não se recorda de mais nada. Tudo o que ele fez foi automático, como se estivesse "desligado" sem desmaiar.

A revista *Veja* de 14/2/1990 traz na capa a fotografia da modelo Adriana de Oliveira, de 20 anos, que morreu de *overdose* de cocaína, misturada com álcool, maconha e tranquilizante.

87. Quais as consequências do uso da maconha e da cocaína na personalidade?

As duas drogas provocam distorções de personalidade, mas as consequências provocadas pela cocaína são muito mais graves.

A maconha é chamada a "droga da paz". Ela é tranquilizante e deixa uma sensação de molezas corporal e mental. À medida que atinge a área mental responsável pela motivação, o tetraidrocanabinol (THC) compromete gradativamente a personalidade, podendo ocasionar a **síndrome amotivacional** dos canabistas crônicos, isto é: falta à pessoa motivação (ânimo) para efetuar qualquer tarefa ou desejos pessoais e ela se torna, principalmente em casa, isolada, irritadiça, ansiosa, agressiva e intolerante, passando praticamente o dia todo deitada, olhando para o teto, sem produzir nada. Sua vida resume-se em comer, "canabizar" e dormir. Não há mais interesse pelos amigos, se eles não fumam maconha; somente se sente capaz de procurar novos companheiros para "canabizar".

Na realidade, não existe amizade verdadeira nesse tipo de relacionamento, só o interesse pela maconha. Desse modo, o tráfico corre solto entre os canabistas: quem está sem a maconha, é só telefonar para outro canabista que ele vai logo arrumar uma "carinha de fumo no peito" (pequena quantidade de maconha de graça). É uma regra: os que têm maconha devem "apresentar" para quem não tem.

Embora seja conhecida como "droga da paz", a maconha pode tornar a pessoa agressiva, mesmo quando não está sob seus efeitos, principalmente quando for contrariada. Na rua, seus amigos também usuários não vão contrariá-lo, portanto não há por que ficar agressivo com eles.

A cocaína, por sua vez, é uma droga cruel. Além de destruir a personalidade, ela envolve as pessoas com tráfico e morte. Diferentemente da maconha, a cocaína **é vendida**, nunca é dada a ninguém, a não ser para aliciamento. Dívida de cocaína é sempre cobrada, e quem se recusar a pagar pode sumir ou aparecer morto. A cocaína toma conta da personalidade da pessoa viciada, e nada mais lhe interessa quando estiver tomada pelo desejo de consumir a droga. Ela rouba, assalta, prostitui-se, vende-se e chega a matar para conseguir o dinheiro exigido pelo traficante. Desconsidera os padrões de higiene e usa qualquer diluente para os picos; e serve-se de seringas usadas, desprezando o alto risco de se contaminar com o vírus da Aids.

Atualmente, a população contaminada pela Aids que mais cresce é a dos usuários de cocaína injetável. Assim, o cocainômano vai destruindo sua personalidade e acaba matando ou morrendo de Aids, septicemia (infecção generalizada), *overdose* ou, o que é mais frequente, é morto pela cocaína ou por causa dela. O uso crônico de cocaína pode ainda desencadear a **psicose cocaínica**, com os seguintes sintomas: paranoia, mania de perseguição, alucinações visuais, auditivas e táteis (sensação de bichinhos andando na pele).

88. Quais são as drogas que levam o indivíduo ao delírio? Como é esse delírio?

As drogas que levam o indivíduo ao delírio são as psicodislépticas ou alucinógenas, isto é, as que alteram as sensopercepções (visão, olfação, audição, gustação e tato) e a capacidade de julgamento. São também chamadas psicomiméticas, porque mimetizam uma psicose.

Para entender melhor o que é o delírio provocado por essas drogas, é importante esclarecer, primeiramente, o que são a ilusão e a alucinação. **Ilusão** é a percepção errônea de um objeto que existe. **Alucinação** é a percepção de um objeto que não existe. Delírio é quando a pessoa acredita na ilusão ou na alucinação que está tendo. Quando passam os efeitos da droga, somem a ilusão, a alucinação e o delírio.

Outro tipo de delírio ocasionado pela droga é a mania de perseguição. A pessoa acredita (crença = julgamento) que está sendo perseguida. Ela não sofre de ilusões nem de alucinações, sua sensopercepção é normal, tanto que percebe tudo o que os outros percebem: barulhos, como sirenas tocando na rua, pessoas conversando etc. Entretanto, esse tipo de delirante interpreta a realidade muito diferentemente do que ela é; ele se centra em si mesmo e acha que a sirena é a polícia que vem prendê-lo, que as pessoas estão falando mal dele ou tramando algo para pegá-lo. A percepção é normal, mas o conteúdo da interpretação volta-se para a perseguição. Se o delirante estiver com mania de grandeza, pode achar que a sirena é da polícia, mas que veio para protegê-lo ou para levá-lo a um encontro com o presidente da República, por exemplo, e as pessoas estavam falando bem dele, que ele é bacana. Entre os usuários, essa mania é chamada "noia", que vem da palavra **paranoia**.

As pessoas que começam a usar drogas sabem que estão fazendo algo errado; então, começam a olhar para os outros sempre desconfiadas: pensam que todos sabem que elas estão usando drogas. É uma paranoia que pode agravar-se por predisposição de personalidade e transformar-se em delírios persecutórios.

89. Há problemas se misturarmos bebidas alcoólicas com drogas?

Sim. Os problemas são variados e dependem do tipo da mistura, da quantidade misturada e da reação de cada pessoa.

O vinho (bebida fermentada) provoca uma determinada reação no organismo como consequência de seu metabolismo. O uísque (bebida destilada) provoca outra reação no organismo.

Tomar vinho e, depois, uísque (ou vice-versa) vai, por sua vez, provocar outra reação no organismo, que não é a soma direta das reações de um e de outro, porque existem os resíduos metabólicos da primeira bebida tomada, que reagem quimicamente com os da segunda. Esses resíduos produzem resultados que podem variar conforme o organismo de cada pessoa, a quantidade e a rapidez com que foram tomados o vinho e o uísque, se um dos dois foi tomado como aperitivo e outro acompanhando a refeição ou ainda como digestivo após a refeição etc.

Com as drogas, acontece o mesmo tipo de reações químicas, daí as consequências serem complexas e, muitas vezes, graves.

A ação dos barbitúricos e a do álcool potencializam-se, isto é, a ação depressora dos dois juntos sobre o sistema nervoso central é maior do que se fossem ingeridos separadamente nas mesmas doses.

90. As drogas afetam o pensamento?

Sim. Os calmantes retardam, os psicoestimulantes aceleram e os alucinógenos distorcem o pensamento. Quando passam os efeitos e o pensamento volta ao normal, os resíduos da droga, entretanto, permanecem no organismo ainda um tempo, mesmo durante o estado de consciência do usuário. É exatamente o estado de consciência alterada pela droga que passa a reger pensamentos, sentimentos, desejos e atividades cotidianas do usuário. Portanto, apesar de estar se destruindo, a pessoa **não acredita** que a droga esteja lhe fazendo mal.

As drogas estimulantes aceleram o pensamento, ampliam o campo das percepções e fazem brotar ideias, ora de modo descontrolado, ora acompanhadas de manias de grandeza, e provocam excitação e ansiedade.

As drogas calmantes deprimem o sistema nervoso central, retardando os pensamentos, diminuindo e dificultando as ideias e, às vezes, fazendo aflorar os aspectos depressivos da personalidade.

As drogas psicodislépticas fazem com que o pensamento funcione como se o usuário fosse um psicótico, isto é, com ilusões, alucinações e delírios.

91. Filhos de pais dependentes químicos têm mais tendência ao vício?

Sim. Pais tabagistas têm filhos tabagistas numa proporção muito maior que pais não tabagistas. Antes da maconha, 80% dos canabistas fumavam cigarros (tabaco). O número de adolescentes que bebe é maior nas famílias que têm alcoolistas do que nas família abstêmias.

O alcoolismo é uma doença cuja hereditariedade está sendo estudada, devido à existência de grande número de alcoólatras em uma mesma família. Quando um pai ou uma mãe alcoólatra está sob os cuidados dos filhos, em geral, esses filhos tomam aversão ao álcool; no entanto, se começarem a beber, têm grande chance de também se tornarem alcoólatras.

Essa tendência deve-se ao fato de os filhos pequenos olharem seus pais com admiração e tentarem imitá-los. Eles guardam imagens do comportamento dos pais em sua memória até que venham a utilizá-las, favorável ou desfavoravelmente, durante a adolescência, quando estão definindo sua personalidade. Por exemplo, se em sua memória estão registradas imagens de como achavam bonito verem os pais fumando, eles podem se sentir estimulados a fazer o mesmo.

No entanto, ocorre também o contrário: se a imagem do pai ou da mãe drogando-se for negativa, o filho, ao entrar em contato com a droga, pode rejeitá-la ao acionar sua memória.

Disso tudo, podemos concluir que os pais podem fornecer um modelo de postura diante das drogas a seus filhos. Pais que bebem por prazer, na quantidade adequada, sem mostrar abusos, podem ensinar seus filhos a beber adequadamente. Pais que abusam do cigarro, por exemplo (não existe uso adequado do cigarro), têm filhos que também podem abusar do tabaco.

Pais dependentes químicos são sempre maus exemplos, pois estimulam seus filhos ao vício ou os deixam com fobia de drogas, o que também é inadequado.

92. A pessoa sente-se livre quando usa drogas?

Quem experimenta drogas sabendo que faz mal à saúde é porque não se sente livre. Quem é livre não precisa experimentar drogas. A **liberdade** que se consegue com as drogas é um estado químico, e não uma alegria natural.

Fazer o que quer ou **fazer o que nunca fez** sob os efeitos das drogas está muito longe de ser um comportamento natural, pois elas alteram os níveis de consciência e distorcem a crítica da adequação. Quando a pessoa volta ao estado psíquico natural, são comuns a vergonha e o arrependimento em relação ao que fez enquanto estava drogada.

Gargalhar sob o estímulo de drogas pode significar um choro da própria alma e o sofrimento de todas as pessoas que o amam. A droga isola o usuário, não permite a aproximação de outras pessoas, leva-o a uma vivência isolada que não pode ser compartilhada com ninguém. Portanto, a gargalhada esconde a angustiante solidão.

A **verdadeira liberdade** é entregar-se para crescer, é frustrar-se sem se perder, é divertir-se sendo o que é, fazendo o que realmente quiser, quando e como bem lhe aprouver. A droga submete a pessoa à obrigatoriedade (e não à liberdade) de usá-la. A liberdade permite aprender, com as experiências alheias, a não fazer do corpo um laboratório de química das drogas, nem repetir o que já está comprovado que não faz bem.

93. Você abandonaria um amigo se ele fosse dependente químico?

Não, e não me tranquilizaria enquanto ele não buscasse tratamento. É mais provável que ele acabasse me abandonando, pois eu seria uma companhia incômoda para ele, de tanto insistir para que se tratasse. Caso eu percebesse que esse amigo, já tendo perdido o controle, estivesse muito prejudicado pela droga, procuraria alertar seus pais, mesmo que ele não quisesse. De modo algum estaria traindo a confiança dele; ao contrário, eu estaria demonstrando minha amizade e preocupação com seu bem-estar e sua saúde.

Concordando com ele e permanecendo quieto e passivo, em vez de ajudá-lo, eu o estaria prejudicando, porque, quanto mais o tempo passa, mais difícil torna-se a recuperação de um dependente químico e mais graves as consequências.

Teria de ser duro com ele, colocando-lhe alguns limites: se estivesse drogado ou portando drogas, não o receberia em minha casa, não faria programas com ele, nem o levaria à casa de outros amigos. Se tivéssemos um compromisso marcado e percebesse que está drogado, recusaria sua companhia, deixando claro que prefiro ir sozinho a ir com um amigo dependente químico. E quando ele estivesse sóbrio, explicaria minha atitude.

Jamais aceitaria pegar, esconder, levar para alguém a droga, e muito menos experimentá-la. Não lhe emprestaria dinheiro nem algo que ele pudesse vender, por maior que fosse sua pressão ou sua sedução.

94. Como reagir diante de um grupo que lhe oferece droga?

Afastar-se para não aceitar a droga de jeito nenhum, pois a pressão de um grupo é muito forte, visto que cada um de seus integrantes se fortalece com os outros e, juntos, fazem ou dizem coisas que individualmente jamais fariam ou diriam. É esse mecanismo grupal que afoga a individualidade das pessoas, isto é, mesmo que alguém do grupo discorde dele, acaba submetido a sua pressão, pois, assim, se sente protegido como indivíduo.

É praticamente impossível alguém resistir à dinâmica de um grupo e ainda querer permanecer dentro dele. Não é nada agradável discordar dessa dinâmica, porque, frequentemente, a contestação reverte-se em agressão. Basta um dos membros do grupo começar a agredir para todos agredirem também. Pode ser uma agressão velada, como gozações e ironias, ou ostensiva, como ofensas, xingamentos ou mesmo empurrões para provocar uma briga corporal. Tudo isso acontece para eliminar o "diferente", portanto é bastante natural que o grupo passe a evitá-lo e, inclusive, a rejeitá-lo. É tanta a pressão que, em determinado momento, o "estranho" acaba submetendo-se às pressões do grupo, passando a pertencer a ele e a fazer o que ele faz, como, além de usar drogas, pressionar outro novato, esquecendo-se daquilo que um dia sofreu no grupo.

A turma pode ser muito importante, mas cabe a cada um cuidar-se, respeitar-se. Não é o grupo que vai fazer isso. Se um grupo qualquer forçá-lo a fazer algo, então ele não é seu amigo, e você não é a pessoa mais indicada para pertencer a ele. É preferível continuar a buscar outras pessoas, entre as quais a adaptação seja mútua, para formar um grupo em que você pode ser você mesmo.

O grupo é bom e adequado quando, mesmo pertencendo a ele, cada um tem sua individualidade preservada, ou seja, ninguém lhe força a fazer algo que não quer e você sente que pertence a ele e ele lhe pertence.

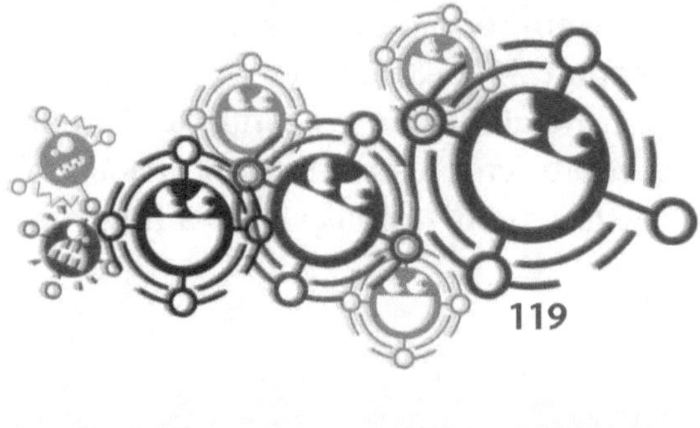

95. O que é lança-perfume e quais são seus efeitos?

Lança-perfume é uma combinação de éter, clorofórmio e cloreto de etila. O **éter** é inalado como anestésico, broncodilatador e analgésico, tem cheiro desagradável, irrita as vias nasais e pode provocar náuseas e vômitos. O **clorofórmio** já foi utilizado como anestésico por inalação, mas foi abolido por causa de seus efeitos depressores sobre o miocárdio (músculo cardíaco), pois pode provocar uma parada cardíaca e, consequentemente, morte. O **cloreto de etila** era também usado como anestésico; ele provoca um estado de torpor, tontura e euforia.

Seu usuário mantém um lenço embebido próximo às narinas.

Em geral, o efeito do lança-perfume é imediato e efêmero. Ele dura tão pouco que o usuário precisa repetir a dose com muita frequência. Isso pode ocasionar um desmaio, que também passa muito depressa, e a pessoa, às vezes, nem percebe que desmaiou. Poucos usuários apresentam ressaca no dia seguinte.

Seu maior risco é causar parada cardíaca, provocada pelo clorofórmio ou pelo cloreto de etila.

Há outra droga semelhante ao lança-perfume: o cheirinho da loló, ou simplesmente loló, um composto caseiro de éter, clorofórmio e essências caseiras que é cheirado como o lança-perfume.

96. Como é o tratamento do alcoolismo?

O tratamento do alcoolismo pode ser dividido em três estágios: desintoxicação, reabilitação e terapia.

✓ **Desintoxicação**. Todo o álcool ingerido passa para o sangue, circulando, portanto, em todo o organismo. É o fígado que se encarrega de metabolizá-lo, eliminando-o da corrente sanguínea. O que não é metabolizado continua a circular, até que o seja. Nos bebedores crônicos, sempre sobra álcool circulando no corpo. O tratamento começa com a interrupção do ato de beber, para dar ao fígado condições de metabolizar o álcool residual.

Nos casos mais graves de alcoolismo, parar de beber pode provocar a síndrome de abstinência, que traz muitos sofrimentos físico e mental: suores frios, tremores nervosos, taquicardia e hipertensão. Por isso, nesse estágio, pode ser necessário o uso de medicações e alimentação especial.

Por ser muito difícil a fase de desintoxicação, ela deve ser feita em regime de internação hospitalar, pois, quando se interrompe o ato de beber e surge a síndrome de abstinência, pode também ocorrer o *delirium tremens*. Esse quadro caracteriza-se por confusão mental, desorientações temporal e espacial, alucinações, intensa agitação motora e convulsões. São nesses sintomas que reside o perigo: eles podem levar o delirante à morte, se ele não for adequadamente socorrido.

A desintoxicação pode durar de dez dias a três meses. Mas somente esse estágio é insuficiente como tratamento; quase todos que param nele, geralmente, voltam a beber num curto prazo de tempo. É importante que se iniciem, imediatamente após a desintoxicação, a reabilitação e a terapia.

✓ **Reabilitação**. Este estágio tem a duração de um a seis meses. Seu objetivo é ajudar o alcoólatra a voltar à sua vida profissional, familiar e afetiva. Às vezes, ainda é necessário o regime hospitalar: ou ele passa o dia no hospital e, de noite, dorme em casa, ou trabalha durante o dia e pernoita no hospital. É preciso ajudá-lo a se abster do álcool e resistir às tentações, pois a maioria dos alcoólatras que não resiste ao primeiro trago acaba recaindo no vício.

✓ **Terapia**. A psicoterapia procura ajudar o alcoólatra a resolver seus problemas psicológicos, a cuidar de seus problemas físicos, para que valorize a própria vida. Desse modo, ajuda a solucionar os problemas que podem ter contribuído com o alcoolismo e suas consequências. O alcoólatra pode não necessitar de desintoxicação e/ou reabilitação, mas seguramente vai precisar da terapia para descobrir os problemas psicológicos que o levaram ao vício. Portanto, mesmo que ele passe pelos estágios da desintoxicação e da reabilitação, se não tratar de seus conflitos psicológicos, voltará a beber. A terapia pode durar anos, porque depende dos conflitos a ser resolvidos e da capacidade da pessoa para resolvê-los. As terapias mais modernas envolvem os familiares dos alcoólatras. É essa também a proposta dos Alcoólicos Anônimos (AA), que, aliás, têm conseguido bons resultados.

97. Faz mal a um não fumante ficar em lugares onde há fumantes?

Sim. O não fumante (ou fumante involuntário, ou passivo) sofre uma série de consequências, detalhadamente relatadas na resposta 58.

O que realmente lhe faz mal é aspirar a fumaça do cigarro, seja direta e voluntariamente, ou indireta e involuntariamente. Como o ser humano não tem filtros aéreos que segurem a fumaça do cigarro, a fumaça que estiver em determinado ambiente vai ser aspirada por ele com o ar que respira. Assim, o fumante involuntário pode sofrer irritação nos olhos e no nariz, tosse, falta de ar, tontura, quadros alérgicos e câncer de pulmão.

Atualmente existe um grande movimento contra os fumantes, iniciado nos Estados Unidos. Com a finalidade de proteger os não fumantes da fumaça dos cigarros, os estabelecimentos são organizados de modo que haja dois ambientes: um para fumantes, outro para não fumantes.

Nos últimos anos, o número de fumantes diminuiu consideravelmente. Antes, quando a fumaça de um cigarro incomodava um não fumante, ele se sentia constrangido em pedir que o cigarro fosse apagado, porque tal gesto era considerado antipático e mal-educado. Hoje, a tendência é considerar falta de educação o ato de uma pessoa fumar na presença de não fumantes.

98. Por que não são oferecidas amostras grátis de drogas na escola?

Porque é totalmente antipedagógico e antieducativo. Atrás de cada amostra grátis, existe a intenção de divulgar o produto para que futuramente seja consumido, como, aliás, é feito com as amostras grátis de medicamentos distribuídos em hospitais, com as bolachinhas, os cafezinhos e os sucos distribuídos gratuitamente nos supermercados, ou ainda com o *trailer* de um filme divulgado no cinema e nos DVDs, a fim de estimular o espectador a assisti-lo. Portanto, oferecer amostras grátis de drogas na escola serviria apenas para aumentar o consumo delas. O custo dessas amostras estaria embutido no preço da droga a ser vendida posteriormente, e quem pagaria por ele seria o próprio dependente químico. É assim que se faz propaganda de cigarros, bebidas alcoólicas etc.

E se a pessoa gostar do que experimentou e depois ficar viciada, quem pagará por isso?

A experimentação de qualquer droga, mesmo sendo amostra, traz mais desvantagens que vantagens, mais riscos que benefícios, como já foi exposto nas respostas 5, 28 e 36.

99. Por que não distribuir drogas aos dependentes químicos?

Porque seria alimentar seu vício em vez de lutar contra ele; e, em lugar de ajudá-los, estaríamos prejudicando-os.

Em Zurique, na Suíça, como tentativa de auxiliá-los, o governo distribuiu aos dependentes químicos identificados drogas e seringas descartáveis, que podiam ser usadas em uma praça pública especialmente destinada a esse fim, a Platzpic ("praça do pico", em alemão). Passados alguns anos, o governo constatou que, em vez de ajudar os dependentes químicos, estimulou o vício e decidiu então fechar a praça.

No Brasil, isso seria fatalmente uma desgraça e, sem dúvida, só aumentaria o número de dependentes químicos. Basta reparar na quantidade de pessoas que se embriagam nas festas em que a bebida é gratuita, alegando que, se a bebida é de graça, deve-se encher a cara.

100. Por que a venda de maconha não é liberada, se ela é uma das drogas mais fracas que existem?

Não é válido dizer que a maconha é uma das drogas mais fracas que existem. Ela contém inúmeras substâncias psicotrópicas, sendo a mais importante o THC (tetraidrocanabinol). Quando fumada, sua ação dura de duas a quatro horas, provocando uma série de alterações psíquicas, físicas e comportamentais. Seu uso prolongado pode ocasionar a síndrome amotivacional, que anula a personalidade, e o câncer, que mata. (Para mais detalhes, veja a resposta 41.)

A liberação da maconha, em vez de benefícios, traria prejuízos aos usuários, pois, sem o controle sobre seu uso, eles tenderiam a consumi-la mais. Seria interessante se fosse feito um estudo sobre a relação direta entre proibição e aumento de consumo e também se fosse analisado se um povo em crise bebe mais ou, ainda, se houvesse um levantamento sobre a geração americana que foi submetida à Lei Seca[*] na sua adolescência.

Em São Paulo, é sabido que, nas escolas onde o cigarro é liberado, o uso de maconha é maior que nas outras onde o cigarro é proibido. Podemos imaginar que, se a maconha for liberada, haverá também um aumento no uso de outras drogas, que futuramente poderá estar em pauta se serão ou não liberadas.

Não é a maconha a grande vilã, a porta de entrada para outras drogas, mas sim a liberalidade que o uso de qualquer droga estabelece, predispondo ao uso de outras drogas.

(*) Essa lei tornava ilegal o comércio de qualquer bebida alcoólica em todo o território dos Estados Unidos, na década de 1920.

101. Artistas e esportistas famosos que consomem drogas influenciam, principalmente, os jovens?

O fato de essas pessoas serem famosas não lhes garante felicidade. A maioria delas não tem uma vida tranquila e feliz e, frequentemente, é bastante solitária, pois acaba perdendo sua privacidade (fica difícil sair às ruas, ir a um cinema, a um restaurante etc., porque há muito assédio).

Cercados por pessoas interesseiras, muitos não contam com uma verdadeira amizade e sentem-se bastante sozinhos. E, para aplacarem a agonia da solidão, bebem.

Essas pessoas também acabam bebendo muito em comemorações, festas etc. E, quando estão bastante agitadas ou ansiosas, tomam soníferos; mas, para conseguirem acordar no dia seguinte, tomam psicoestimulantes.

A fama é implacável, ela precisa ser alimentada, senão desaparece. Os artistas, por sua vez, têm de estar estimulados, com alto astral na hora dos compromissos e, para isso, muitas vezes, fazem uso de uma droga.

Em geral, os jovens fazem uma associação direta entre droga e fama, como se a primeira fosse responsável pela segunda. A droga, porém, atrapalha a capacidade das pessoas, portanto o binômio não é verdadeiro. A associação que deve ser feita é entre capacidade e fama, e a droga não produz nenhuma capacidade, ela as destrói.

A mídia acaba ajudando os jovens a fazer essa falsa associação, quando noticia o envolvimento de celebridades com as drogas. Muitas vezes, essas celebridades são ídolos de jovens, que tentam imitá-las, inclusive consumindo drogas como elas.

Se os jovens soubessem separar com clareza as virtudes e os defeitos de seus ídolos, eles poderiam ser realmente um modelo saudável, mas isso nem sempre acontece.

Para chegar à fama, não adianta consumir drogas e ter talento. É preciso muita disciplina, trabalho e empenho a fim de que sua aptidão artística ou esportiva se aprimore. Muitas pessoas talentosas perdem-se pelo caminho do vício, pois as drogas acabam com seu empenho, sua disciplina e também com sua vida.

102. Quais são as atitudes que os pais devem tomar quando o filho é dependente químico?

Os pais são responsáveis por seus filhos quando eles são menores de 18 anos e quando são maiores, se tiverem alguma anormalidade psíquica (os doentes mentais não são responsáveis por si mesmos; perante a lei, os pais são sempre seus responsáveis). Independentemente da idade, quando os filhos ficam doentes, os pais são os primeiros a socorrê-los. No caso das drogas, o esquema é o mesmo: cabe aos pais cuidar do filho que é dependente químico. Mesmo se for maior de idade, ao ser internado, a lei exige que um adulto assine um termo de responsabilidade pelo tratamento.

Difícil é enumerar quais as atitudes que os pais devem tomar em relação a um filho dependente químico, porque é preciso levar em conta as características pessoais do pai, da mãe, do filho e também do relacionamento entre eles (pai-mãe, pai-filho e mãe-filho), além da relação com outros elementos da família (irmãos, tios, avós etc.).

De maneira geral, é importante primeiramente que os pais conheçam bem a situação e façam um diagnóstico sobre o vício do filho, por exemplo, perguntando-lhe: qual é a droga usada; há quanto tempo existe o vício; qual é a frequência do uso; qual é a quantidade; de que maneira é usada (se injeção, fumo ou ingestão oral); como a droga é comprada; etc.

Dificilmente o dependente químico sente-se à vontade para responder a todas essas questões. Frequentemente há vergonha, constrangimento, silêncio, reticências, mau humor e respostas evasivas. Também não é fácil para os pais fazerem tais perguntas sem alterar seu estado emocional, pois, a cada resposta, vem o inesperado, o não desejado, a frustração, a mágoa, a agressão...

Diante de situações desse tipo, é comum o pai ficar bravo, agressivo, e a mãe entrar em depressão e chorar. Ambos se sentem culpados e pensam: "Onde foi que errei?"

Enfim, é difícil para todos – pai, mãe e filhos – manter um diálogo tranquilo numa hora dessas, pois se encontram emocionalmente envolvidos uns com os outros, e cada um, a sua maneira, com a droga.

Se conversar sobre o assunto for impossível, é preciso recorrer à ajuda de uma pessoa, que se sinta livre e preparada para ajudá-los. Geralmente, trata-se de um profissional especializado, como um psicólogo, um psiquiatra ou um assistente social. Devem-se, no entanto, obter um bom diagnóstico e um bom encaminhamento, senão o tratamento será fadado ao fracasso.

Nesse caso, a ansiedade só atrapalha; de nada vale querer soluções imediatas para o problema. É mais eficiente buscar um tratamento adequado que uma solução apressada e inadequada.

103. Sentir de perto o cheiro de baseado vicia?

Não. Para se viciar em maconha, é preciso que a pessoa seja um experimentador voluntário, porque quem não quiser e não experimentá-la jamais ficará viciado.

Se a fumaça da maconha for aspirada, mesmo que involuntariamente, ela pode provocar alguns sintomas, proporcionais à quantidade de tetraidrocanabinol (THC) aspirada. É comum ouvir relatos de jovens que tiveram dores de cabeça ou se sentiram mal fisicamente, com tonturas, palpitações etc., quando foram fumantes involuntários de maconha.

104. Quanto tempo dura uma alucinação?

Se a alucinação for decorrente do uso de um alucinógeno, ela vai durar enquanto durar seu efeito, em geral de duas a três horas. Se for decorrente da maconha, a alucinação ocorrerá enquanto a pessoa ainda não apresentar tolerância; se for decorrente do LSD, ela pode surgir 30 minutos após sua ingestão e durar de duas a 48 horas.

Existem casos em que, mesmo tendo passado o efeito da droga, a pessoa volta a viver episódios alucinatórios mais brandos que o inicial, até que acabam desaparecendo. Tais episódios são chamados *flashbacks* e suas explicações ainda não estão cientificamente comprovadas.

Se a alucinação for sintoma de uma psicose alucinatória, ela só desaparecerá com tratamento psiquiátrico, portanto permanecerá enquanto durar a psicose.

105. O que fazer se vir uma pessoa drogando-se em festas ou lugares fechados?

Por se tratar de uma situação delicada, é preciso tomar bastante cuidado na maneira de se conduzir. Ficar calado fingindo que nada viu determina a conivência com o uso da droga. Entrar em pânico, às vezes, cria situações desagradáveis. Também pouco adianta interferir bruscamente, com atitude violenta.

Se a pessoa for amiga e estiver em condições de manter um diálogo, vale a pena conversar com ela, para evitar complicações imediatas (ser pega em flagrante) ou futuras (consequências sociais). Mas, se a pessoa reagir de modo estranho e violento, é porque está fora de seu estado normal; ela precisa de cuidados, talvez até ser retirada do ambiente em que está e levada para casa. Nesse caso, o melhor a fazer é explicar a situação a outros amigos comuns e então, juntos, levar a pessoa para casa ou para outro lugar mais conveniente.

É preciso também alertar seus pais, pois algo está acontecendo a ela e eles devem saber, para poder ajudá-la.

Se for uma pessoa desconhecida drogando-se numa festa, comente o que viu com alguns amigos que não usam drogas, para, juntos, decidirem se contam ou não ao dono da festa, que talvez decida o que fazer. É pouco produtivo contar diretamente aos seguranças, porque poderão tomar atitudes inadequadas.

106. A pessoa que usa maconha, com o tempo, passará a consumir outras drogas?

Pode ser que o canabista venha a consumir outras drogas porque seu corpo e sua personalidade já tenham adquirido tolerância à maconha e já não sinta mais seus efeitos. Como ele perde também a capacidade de se preservar, não lhe custa muito partir para outras drogas.

Seria, então, a maconha a "porta de entrada" para outras drogas?

Isso pode valer para alguns canabistas. Entretanto, 80% deles eram antes tabagistas, e a maioria fuma maconha e tabaco, fato que nos remeteria a pensar que pode ser o tabaco a "porta de entrada" para outras drogas. A maioria dos 20% restantes acha que a maconha faz menos mal que o cigarro e, por isso, não "tabagizam".

Existem, porém, canabistas que nunca passaram a usar outras drogas.

107. Chá de cogumelo faz mal? O que pode acontecer ao ingeri-lo?

Chá de cogumelo que tem substâncias alucinógenas (o núcleo INDOL) faz mal. Quando tomado indiscriminadamente, pode desencadear quadros alucinatórios que desaparecem após seu efeito. Quando alucinada, a pessoa não tem controle sobre suas atitudes nem responsabilidade sobre seus atos; é como se estivesse psicótica. E psicóticos não são responsáveis pelos seus atos.

Os alucinógenos podem também comprometer a capacidade de avaliação, crítica e julgamento das pessoas, fazendo-as acreditar que suas alucinações são verdadeiras. Portanto, além das alucinações, as pessoas podem apresentar delírios.

Existe ainda a possibilidade de o chá de cogumelo desencadear uma psicose alucinatória em personalidades quimicamente predispostas. Ou seja, mesmo que os efeitos do chá de cogumelo cessem, o quadro psicótico permanece, o que torna necessário um tratamento psiquiátrico.

108. O que são as ilusões?

São cinco as nossas percepções do sentido: auditiva, visual, olfativa, gustativa e tátil. As ilusões são distorções dessas percepções. Um objeto, por exemplo, passa a ser percebido em relação a seu tamanho, sua forma, suas cores, seus movimentos etc. de maneira diferente do real. As ilusões indicam que o cérebro não está funcionando bem em consequência de forte sonolência, febre alta, doenças neurológicas e/ou psiquiátricas ou pelo uso de drogas. Portanto, uma pessoa em condições normais de saúde não deve ter ilusões.

Elas não são o problema; elas são o indicativo de que há um problema; e, desse ponto de vista, não são ruins. Quando se manifestam, é porque detectaram algo de anormal: elas são os "alarmes" do cérebro.

Uma ilusão pode vir acompanhada de sensações agradáveis ou desagradáveis, dependendo dos estados psíquico (de espírito) e físico da pessoa.

Por não estar totalmente consciente de seus atos, o alucinado tem suas atitudes e reações muito alteradas, pois se baseia em referenciais distorcidos pela ilusão. E, como não trabalha com a realidade, mas sim com suas distorções, as consequências podem ser graves, dependendo das atividades em que se envolve.

109. Como os dependentes químicos reagem às pessoas mais próximas?

Depende do tipo de droga, da quantidade usada e do tempo de seu uso.

Existem drogas que, em pequena quantidade, tornam seus usuários mais sociáveis, mais falantes, como o álcool, mas também podem deixá-los inconvenientes, falando e rindo demais, abraçando ou beijando todo mundo. O limite entre o primeiro e o segundo momento é muito tênue, e a pessoa passa de um para outro sem perceber.

A maconha em pequeníssima quantidade (uma ou duas tragadas) pode ter o mesmo efeito que o álcool. Quando a dose é um pouco maior e altera o pensamento, a interação do usuário com outras pessoas deixa de ser normal. Doses ainda maiores o tornam mais introvertido e ele se isola (mesmo que não queira), pois não consegue acompanhar uma conversa (perde a concentração, a memória e a atenção; não consegue expressar-se direito).

Outras drogas, como benzina, cola de sapateiro e cocaína, podem deixar seu usuário bastante agressivo, porque, como está em um estado alterado, tem pensamentos inadequados e não suporta qualquer contrariedade.

É muito comum na adolescência a inversão de valores dos dependentes químicos. Isto é, julgam-se mais sabidos, mais espertos e superiores; acham que sabem aproveitar melhor a vida que os não usuários, que, para eles, são caretas (fazem careta quando ouvem falar das drogas).

Essa inversão ocorre quando os usuários já passaram da fase de experimentação para a fase de uso. Como não querem assumir sua fraqueza em relação às drogas, dizem-se superiores e, enquanto não sentem os prejuízos da droga, maltratam, ofendem, agridem e desprezam os não usuários. Quanto maior a ignorância dos usuários, mais comuns essas atitudes. Outros usuários, conscientes do mal que a droga lhes faz, entretanto, comportam-se de modo diferente, isolando-se e inferiorizando-se.

Quanto maior o tempo de uso da droga, maiores são as consequências, e os usuários, sofrendo seus danos, sentem-se cada vez mais incapazes de controlar o vício. Nesse período, toda a arrogância da etapa anterior transforma-se em angústia, em inferioridade. Cada dependente químico, então, reage conforme seu caráter: agressivo, instável, dependente etc. De modo geral, os dependentes químicos acabam mesmo é afastando-se das pessoas que não se drogam.

110. Um jovem deve experimentar drogas para saber como são e não usá-las no futuro?

Não. Ninguém deve experimentar drogas, porque a experimentação já faz parte do caminho para o vício, conforme vimos nas respostas 29 e 36. Não precisamos experimentar tudo, podemos também aprender com as experiências alheias, absorver e aproveitar o que é comprovadamente bom para nós. Se sabemos que as drogas fazem mal, por que as testarmos em nosso corpo? Seríamos tão diferentes dos outros que a droga – um mal comprovado – faria bem a nós?

111. Por que os dependentes químicos passam maconha a outras pessoas que não são usuárias?

É natural aos adolescentes fazerem coisas em grupo: sair, passear, estudar, praticar esportes, beber e até usar drogas. Os usuários de maconha que ainda não se sentiram prejudicados, geralmente, pensam que ela não faz mal e oferecem-na a seus amigos não usuários. Trata-se de um gesto de amizade, visto que não a oferecem a estranhos ou a pessoas de quem não gostam. Além disso, qualquer fumante de maconha prefere fumar com outros fumantes a fumar em companhia de pessoas que não a consomem.

É bastante comum ouvirmos dizer que os dependentes químicos querem viciar outras pessoas a fim de explorá-las futuramente, vendendo-lhes a droga. Isso acontece com a cocaína; com a maconha, é raro. Para ganhar dinheiro com a maconha, seria preciso vender uma grande quantidade, e seu consumidor compra pouco. Entre os canabistas, quem tem maconha arruma para quem não tem, pois sabe que, quando ele também não tiver, bastará pedir àquele que a possui. Nessa camaradagem, não entra dinheiro.

É muito importante saber que os dependentes químicos não impõem diretamente o uso da maconha a ninguém; somente experimenta maconha quem quiser. Os maiores aliciadores ao uso da maconha são seus próprios usuários.

112. Por que uma pessoa com problemas não pede ajuda em vez de ir diretamente às drogas?

Hoje em dia, é muito difícil um adolescente ir diretamente às drogas porque está com problemas. Em geral, ele se droga por: curiosidade, imitação, acreditar que não lhe faz mal, querer curtir um barato etc. Na maioria das vezes, o problema surge como consequência do uso das drogas.

A vaidade pessoal e o desejo de ser autossuficiente ficam muito exacerbados na adolescência; é a onipotência juvenil. Por essa razão, o adolescente não gosta de pedir ajuda, ele pensa que isso denigre sua autoimagem.

Com as drogas, esse quadro piora, porque, não admitindo que a droga lhe faça mal, imagina que nunca será um dependente químico. Ao começar a usar a droga, o jovem pode sentir um alívio em relação ao problema que está vivendo, o que não significa que o problema acabou, simplesmente sua solução ficou adiada, agora com um problema a mais: a droga.

Entretanto, existem alguns adolescentes que se drogam ostensivamente, chamando bastante a atenção dos outros sobre si. Pode ser uma forma, embora inadequada, de pedir ajuda.

113. Como agir diante de uma pessoa que fuma cigarros? Será que no futuro ela passará a usar outras drogas?

São várias as atitudes que podem ser tomadas. Eis a seguir alguns exemplos.

✓ Jamais aceitar um cigarro.

✓ Recusar-se a fazer qualquer atividade que favoreça o fumante, como comprar cigarros, emprestar fogo, acender seu cigarro, oferecer cinzeiro etc.

✓ Reclamar muito da fumaça (ninguém gosta de ser um fumante involuntário), abrir todas as janelas e cortinas para que a fumaça seja rapidamente eliminada.

✓ Pedir ao fumante que fume em outro lugar, onde não incomode ninguém e somente ele seja o prejudicado.

Quanto a usar outras drogas, está comprovado que o tabagista acaba sendo uma pessoa vulnerável ao uso delas. Antes da maconha, 80% dos canabistas eram tabagistas. Muitos deles são ainda tabagistas, portanto fumam cigarro e maconha.

Um fumante bebe mais que um não fumante, alegando

que o cigarro "seca" a garganta, enquanto a bebida "molha". Há pessoas que bebem primeiro e depois fumam. De qualquer maneira, cigarro e bebida andam quase sempre de mãos dadas.

Se uma pessoa fuma cigarros, ela não cuida do próprio corpo, portanto não lhe custará muito partir para outras drogas.

114. As campanhas antidrogas dão resultados?

Os resultados são muito pequenos se comparados a seus gastos. Um dos motivos do fracasso é que essas campanhas são dirigidas a uma população muito heterogênea. Não existe uma mensagem única que pode atingir toda essa população, levando em conta as diferenças culturais, sociais, econômicas e emocionais de cada grupo. São poucos os que se identificam e aproveitam a mensagem.

É de pouca valia, por exemplo, mostrar um dependente químico a um adolescente, pois ele, vivendo sua onipotência juvenil, acha que nunca vai se viciar. Os adultos, por sua vez, preocupam-se muito mais com seus filhos do que com eles mesmos quando se deparam com essas campanhas, às vezes não percebendo que elas são dirigidas a eles.

A melhor campanha é a prevenção, que deveria ser feita nas escolas e incluída no programa curricular desde as primeiras séries. É preciso ensinar as crianças a se prevenir contra tudo o que pode maltratá-las, física ou psicologicamente, sem esquecer seus valores pessoais, familiares e sociais.

Com os adolescentes, esse tipo de proposta teria de ser mais específica, considerando-se as características da idade, como a onipotência juvenil. O ideal seria esclarecer os jovens antes dessa fase, quando ainda estão abertos às informações que chegam dos adultos (pais e professores). Essas orientações não devem ser feitas de forma dogmática e doutoral, e sim na linguagem dos jovens, de acordo com as diferenças de idade, interesses e maturidade. Tudo isso pode ser muito mais eficiente durante o convívio com eles. Não basta conversar uma só vez e achar que a missão está cumprida. É preciso dialogar abertamente e estar sempre disponível a possíveis questões.

Quanto às atuais campanhas antifumo, os resultados são satisfatórios, já que o consumo de cigarros no mundo está diminuindo bastante. Um dos principais motivos desse resultado é a divulgação correta dos malefícios provocados pelo cigarro, que atingem até os fumantes involuntários.

Se as campanhas antidrogas alcançarem também os não usuários, talvez haja maior mobilidade contra o uso de drogas, assim como está acontecendo com os cigarros. Hoje, sabemos que uma grande ajuda aos dependentes químicos é o combate dos não usuários à droga: que ela não seja usada pelo menos nos momentos em que não usuários estejam presentes. Esse é um dos meios pelos quais os grupos anônimos de ajuda mútua conseguem bons resultados entre os dependentes alcoólicos e químicos.

A Associação Parceria Contra Drogas tem feito um ótimo trabalho preventivo em comerciais de televisão e propagandas em rádios e revistas. O símbolo da campanha é a palma da mão em branco mostrando a linha da vida em vermelho. Muitos alunos têm usado suas mensagens e suas imagens nos trabalhos escolares de prevenção às drogas.

115. Qual o pensamento do adolescente para chegar a usar drogas?

Primeiro é a curiosidade de sentir no próprio corpo o que ouve dos usuários, principalmente no que se refere ao prazer e às alterações psíquicas, físicas e/ou comportamentais. Quanto mais insatisfeito estiver consigo mesmo, mais fascinado ele ficará com a droga, pois deseja sentir-se um pouco mais alegre ou transformar-se em outro personagem.

Além disso, o adolescente imagina que nunca vai se tornar

um dependente químico, que isso só acontece com os que perderam o controle sobre a droga. Ele pensa ainda que a droga não lhe fará mal e, se fizer, será pouco significativo.

O que o adolescente sabe é o que ouve de outros usuários, ou seja, desconhece os fundamentos médicos sobre o assunto. Mas, como dá muita importância aos amigos, acredita neles e não se dá ao trabalho de conhecer os verdadeiros efeitos das drogas.

Quando o adolescente vive em família, ele procura esconder dos pais seu envolvimento com drogas. Mas não tem a mesma preocupação com seus amigos; ao contrário, procura divulgar suas "vantagens", chegando até a menosprezar os que não as usam, numa nítida inversão de valores.

Se o jovem usou droga algumas vezes, ele acha que, se utilizá-la outras vezes, não lhe fará mal e passa, então, a consumi-la com maior frequência, esquecendo-se de que, após o uso da droga, os pensamentos alteram-se, inclusive em relação a ela, levando o usuário a defendê-la. Isso dificulta a percepção de que a droga já está fazendo mal e o reconhecimento de que é um dependente químico.

116. Quais são os efeitos comuns das drogas? Quais são as mais utilizadas pelos jovens?

Todas as drogas atingem o cérebro, tirando-o de seu funcionamento natural. Os psicoestimulantes, como diz o próprio nome, estimulam o cérebro a funcionar num ritmo mais rápido, alterando o humor e levando a uma agitação corporal. Os tranquilizantes acalmam o cérebro, fazendo-o funcionar mais devagar, diminuindo a ansiedade e prostrando o corpo. Os alucinógenos alteram a qualidade das funções do cérebro, isto é, provocam distorções semelhantes a quadros psicóticos. (Veja a classificação dos psicotrópicos na resposta 54.)

Quanto às drogas mais utilizadas pelos jovens, o que se tem são estimativas. Há uma única pesquisa feita em 1989 por E. A. Carlini (e colaboradores), professor de psicobiologia da Escola Paulista de Medicina, sob o título: *II levantamento nacional sobre o uso de psicotrópicos em estudantes de 1º e 2º graus* (1989). A conclusão foi que as drogas mais usadas são os solventes, seguidos pelos tranquilizantes e, depois, pelas anfetaminas e pela maconha.

117. O que é o santo-daime?

É um culto brasileiro de caráter católico popular, fundado pelo mestre Raimundo Irineu Serra. Em 1912, nos seringais acrianos da fronteira com a Bolívia, ele conheceu a bebida ***huasca***, da qual teria recebido a força e a revelação para fundamentar a doutrina do santo-daime.

A ***huasca*** ou ***ayahuasca*** é um chá de uso milenar na cultura andina. Segundo os indígenas, a *huasca* permitia-lhes ver o mundo real, já que o cotidiano seria apenas uma ilusão. **Caapi** e **chacrona** são as duas plantas alucinógenas com as quais se faz o chá que é tomado durante as maratonas religiosas, que duram até 10 horas. Durante esse tempo, entre cânticos e monótonos bailados, as pessoas ficam expostas às mirações, isto é, às visões que o chá provoca. No ritual, as mirações são conduzidas às dimensões espirituais da vida, especialmente ao amor entre os homens e à perfeita harmonia com as forças da natureza.

A *huasca* não está catalogada como alucinógeno, e seu consumo não é proibido, visto que não há provas de que ela cause dependência. Existem relatos de jornalistas que participaram do ritual do santo-daime para experimentar as mirações; eles não sentiram nada, somente passaram mal fisicamente.

Provavelmente, o chá *huasca* é parte de uma cultura cujas visões são induzidas por um mestre, como num ritual religioso. Assim, os não iniciados, não tendo vivenciado essa cultura, não conseguem viajar com o chá.

118. O que é "pó de anjo"? Ele existe no Brasil?

Segundo John Solheim, em artigo publicado pela revista *Magnum*(*), "a mais poderosa droga do mundo, no momento, é conhecida popularmente na América do Norte por 'pó dos anjos'. Quimicamente, trata-se da **fenilciclidina**, ou simplesmente **PCP**, abreviatura farmacêutica de seu nome em inglês, *phencyclidine*. Pode ser cheirada, injetada ou ingerida. Dá uma sensação de superpoderes e pode bloquear de tal forma o sistema nervoso central que torna a dor inexistente, completamente ausente, embora o usuário tenha seus reflexos e sua percepção ampliados a um grau máximo".

Existem relatos sobre usuários que assaltam lojas comerciais que têm proprietários ou balconistas em idade avançada, ou então que enfrentam destemidamente a polícia. Um usuário de PCP que veio a falecer num hospital, após intenso tiroteio com policiais, ainda reagia e atirava contra a polícia, apesar de ter sido atingido por cinco tiros de uma Magnum .41 entre o torso e o abdômen e nas pernas.

No Brasil, não há registro do uso do "pó de anjo" ou de alguém que o conheça, e a literatura médica sobre a fenilciclidina é rara. Apenas se conhece um único capítulo, escrito pelo químico e farmacêutico José Elias Murad: "Pó de Anjo: a droga maldita", em seu livro *O que você deve saber sobre psicotrópicos*, da editora Guanabara Dois. Seguem-se alguns trechos:

(...) no início da década de 70 (...), espalhou-se a fama de que a fenilciclidina tinha, ao mesmo tempo, as propriedades alucinatórias do LSD e as ações estimulantes das anfetaminas e da cocaína. (...) Médicos especialistas têm dito que a fenilciclidina é a droga mais desintegradora da mente que se conhece. (...) Usuários crônicos apresentam paranoia, alucinações, depressão profunda e ansiedade. (...) Um rapaz usou-a por engano, pensando ser cocaína, e

(*) Washington, DC: Magnum, a. III, n.13.

ficou cinco dias em estado de coma, permanecendo psicótico por um mês. Mais tarde foi recolhido a um hospital especializado, por causa do dano permanente no lobo frontal do cérebro. (...) Talvez o maior atrativo repouse na sensação que ela produz de aumento de força física, de poder e de invulnerabilidade, que coexistem com um senso de total alienação. (...) Parece que os efeitos clássicos são desagradáveis, pois estudantes de medicina, voluntários, a quem se deu PCP para fumar em pequenas doses, quase todos se recusaram a repetir a experiência. (...) É um pó branco, cristalino, que foi sintetizado há alguns anos e usado em veterinária para imobilizar animais, particularmente os de médio e de grande porte. (...) Capaz de tranquilizar um gorila raivoso, é também capaz de liberar os mais negros demônios da mente humana.

119. Para o adolescente, como são o uso, o abuso e o não uso do álcool?

Das drogas socialmente aceitas, a mais utilizada é o álcool. Dificilmente encontramos ambientes onde não sejam servidas bebidas alcoólicas. Em nossas casas, quando existem condições econômicas favoráveis, o bar ocupa um lugar de destaque na decoração. Funciona como o altar da bebida, onde ficam expostas as mais lindas e caras garrafas, que contêm sofisticadas bebidas, de variadas origens, com as respectivas histórias de aquisição. O dono da casa, com grande satisfação, põe-se atrás do balcão para servir seus convidados com a solicitude de um *barman*.

O maior problema não é o álcool, mas a maneira como ele é usado.

O **uso** do álcool requer:

✓ **sabedoria**: não se deve cair nos extremos;

✓ **autoconhecimento**: da própria apetência, dos desejos e da resistência ao álcool;

✓ **humildade**: reconhecimento de que o álcool é fatalmente mais forte que seu corpo;

- ✓ **capacidade de suportar frustrações**: não beber mais do que já bebeu, mesmo que ainda queira um pouco;
- ✓ **segurança**: resistir às insistentes ofertas de seus amigos que já passaram ou estão prestes a passar do ponto de adequação;
- ✓ **certeza interior**: melhor do que está não vai ficar e, se continuar bebendo, só vai piorar.

Tudo isso é necessário para que o adolescente possa usar o álcool sem se prejudicar. O nosso organismo tem capacidade de metabolizar uma garrafa de cerveja ou uma dose de uísque em uma hora, sem sobrecarregar o fígado. Pode ser que nosso corpo tenha essa capacidade, mas nosso psíquico pode perder rapidamente a capacidade de controle sobre o álcool, mesmo com tal dosagem, já que uma de suas principais características é tirar a capacidade do bebedor de avaliar o próprio estado alcoólico e a quantidade por ele bebida.

O **abuso** é consequência natural do mau uso. No caso do álcool, infelizmente, a percepção do abuso chega ao usuário tarde demais, isto é, quando ele já passou dos limites. É o momento em que os efeitos dependem da **quantidade de álcool** que chega ao cérebro e não da **quantidade da bebida**. A parte de álcool que ainda está no tubo digestório e não foi absorvida o será em seguida, o que agravará mais os sintomas. Isso significa que, quando o usuário pensa em parar de beber, porque fisicamente não está se sentindo bem, já é tarde.

A diferença fundamental entre o uso e o abuso do álcool é que, no uso, a pessoa controla e domina o álcool e, no abuso, ela perde o controle sobre a bebida e é dominada pelos seus efeitos ou pelo desejo de beber.

O **não uso** pode ocorrer por diversos motivos:

- ✓ **alergia**;
- ✓ **sensibilidade**: os orientais são mais sensíveis ao álcool, a ponto de rapidamente ficarem ruborizados, com taquicardia etc.;
- ✓ **problemas psicológicos**: familiares que sofrem com o alcoolismo de um dos integrantes da família criam verdadeiras

fobias ao álcool;

✓ **religião**: há religiões que não permitem a seus seguidores o uso do álcool;

✓ **ex-alcoolismo**: os ex-alcoólatras não colocam sequer uma gota de álcool na boca, pois têm muita facilidade para voltar ao vício.

120. O contato dos adolescentes com a droga é inevitável?

Isso depende do adolescente. Se ele quiser, poderá encontrar a droga em qualquer lugar, porque atualmente é fácil encontrá-la. Além disso, os pais não têm condições de controlar o tempo todo a vida dos filhos, e faz parte da adolescência o saudável distanciamento dos pais e a aproximação com outros adolescentes, para formar a turma.

Querendo ou não, os adolescentes vão ouvir falar das drogas, seja oficialmente, nas escolas, nas campanhas de prevenção etc., seja extraoficialmente, pelos colegas (usuários ou não), numa mensagem bem diferente das oficiais. Um usuário geralmente apregoa o que ele vê de bom na droga e convida os amigos (nunca um inimigo ou um desconhecido) a compartilhar da experiência; dificilmente visam a lucros econômicos. É assim que os jovens são aliciados pelo uso das drogas.

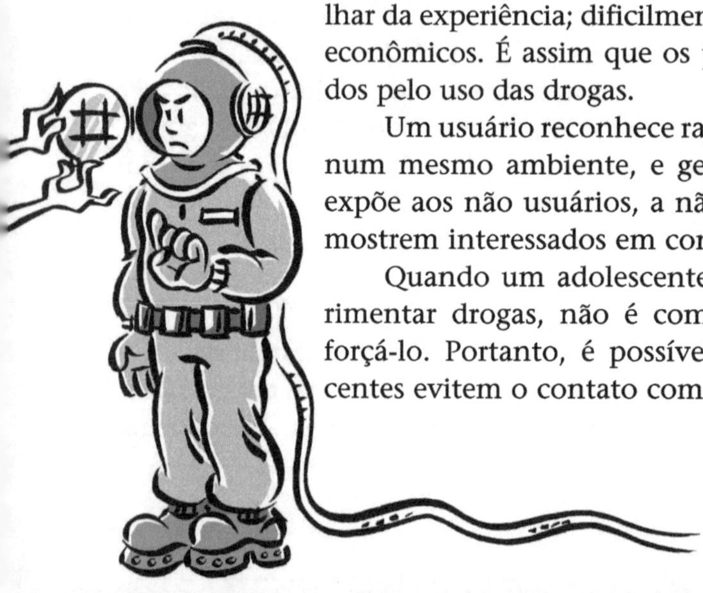

Um usuário reconhece rapidamente outro num mesmo ambiente, e geralmente não se expõe aos não usuários, a não ser que eles se mostrem interessados em consumir a droga.

Quando um adolescente não quer experimentar drogas, não é comum um usuário forçá-lo. Portanto, é possível que os adolescentes evitem o contato com drogas.

121. Os artistas usam drogas porque são sensíveis? Ou as drogas deixam-nos mais sensíveis?

Os poetas, os músicos, os pintores e tantos outros profissionais que trabalham com sentimentos usam a própria sensibilidade para tocar a sensibilidade das pessoas. Como os artistas lidam com sofrimentos e alegrias do ser humano, sua sensibilidade torna-se vulnerável e eles podem não resistir a tantos sentimentos intensos. Para anestesiar essa angústia, podem recorrer às drogas, o que complica suas vidas, porque, sendo tão vulneráveis, do uso passam rapidamente ao abuso.

Entretanto, o abuso não os deixa mais criativos; ao contrário, muitas vezes, leva-os à decadência, apagando sua criatividade.

Frequentemente, na tentativa de fugir de seus sofrimentos, os artistas atiram-se ao mundo das drogas. É um grande engano: as drogas aumentam seus sofrimentos e prejudicam bastante sua vida.

122. O café vicia?

O café contém cafeína, um estimulante comportamental. Se for usada regularmente, na quantidade de 350 mg ao dia, a cafeína pode induzir a uma forma de dependência física: uma grave dor de cabeça, que desaparece com sua ingestão. A dose fatal de cafeína para o ser humano é 3,2 g, se administrada por via endovenosa. Cada xícara de café contém em média entre 70 mg e 80 mg de cafeína.

Aparentemente, mesmo a longo prazo, não foi evidenciada toxicidade orgânica no uso diário de 600 mg de cafeína ao dia, o que equivale a aproximadamente oito xícaras médias de café.

Se uma pessoa que não está habituada tomar grandes quantidades de café, chá preto ou chá-mate, que também contêm cafeína, pode ter dor de cabeça, agitação e nervosismo.

Como o cafezinho faz parte da cultura brasileira, seus efeitos são estudados e não são totalmente desconhecidos. Sabe-se que, ao ser tomado antes de dormir, espanta o sono; é sua cafeína, ingerida antes da hora de dormir, que atrasa o início do sono, encurta o tempo de sono, reduz a média de profundidade do sono, aumentando a quantidade de sonhos no começo da noite, mas os reduzindo no total. O cafezinho também anima as pessoas, pois sua cafeína estimula o metabolismo dos músculos, podendo adiar a fadiga muscular e melhorar o desempenho intelectual.

Entretanto, o que já está comprovado é que a cafeína aumenta a toxicidade de outros agentes cancerígenos. Isso é muito grave às pessoas que, após um cafezinho, não resistem a um cigarro, que é bastante cancerígeno.

123. Qual o melhor método para evitar a droga?

Antes de você nascer, seus pais já sonhavam com você e já queriam lhe dar o que consideravam o melhor. Escolher seu nome é uma prova disso, pois, geralmente, é escolhido após uma seleção rigorosa.

Assim que nasceu e foi crescendo, fizeram o melhor que podiam: deram amor, carinho, alimento e proteção contra tudo o que pudesse incomodá-lo. E, enquanto dependeu deles, ninguém o maltratou.

Seus pais passaram, assim, o amor deles a você, e todos nós cuidamos de quem amamos. Você então aprendeu a se amar e a retribuir amor a seus pais. É por isso que não gosta de ser maltratado em público por ninguém, que escolhe a comida que mais lhe apetece, que veste a roupa que mais lhe agrada e se cerca de quem gosta. Quer se tratar bem e aprendeu isso com seus pais.

Sabendo que a droga faz mal, para ser coerente com suas outras atitudes para consigo mesmo, não pode mandá-la para dentro de seu corpo. Deve sempre pensar:

Seu corpo não é lixo para você ficar jogando droga dentro dele.

Seu corpo não é laboratório químico para você ficar experimentando as reações das drogas dentro dele.

Se seus pais deram-lhe o melhor que puderam, por que você daria o pior para si mesmo?

A melhor prevenção contra o uso de drogas é você gostar de si mesmo.

BIBLIOGRAFIA

ARATANGY, L. R. *Doces venenos: conversas e desconversas sobre drogas*. São Paulo: Olho D'Água, 1991.

ARAÚJO, V. A. *Para compreender o alcoolismo*. São Paulo: Edicon, 1985.

BUCHER, R. *As drogas e a vida*. São Paulo: EPU, 1988.

CARLINI, E. A. et al. *II levantamento nacional sobre o uso de psicotrópicos em estudantes de 1º e 2º graus*. São Paulo: Escola Paulista de Medicina/Centro Brasileiro de Informações sobre Drogas Psicotrópicas (CEBRID), 1989.

______ ; MANSUR, J. *Drogas: subsídios para uma discussão*. São Paulo: Brasiliense, 1989.

CURRÍCULOS para prevenção de drogas. Washington, DC: Departamento de Educação dos Estados Unidos da América, 1988.

CURY, A. J. *Drogas*. n. 1. São Paulo: Sequência, 1980.

FERRARINI, E. *Tóxico e alcoolismo*. 3. ed. São Paulo: Ed. do Autor, 1980.

FONSECA, A. G. *Tóxicos*. Aparecida: Santuário, 1985.

GRECO FILHO, V. *Tóxicos*. São Paulo: Saraiva, 1977.

JOHANSON, C. E. *Tudo sobre drogas: cocaína*. São Paulo: Nova Cultural, 1988.

KALINA, E.; KOVADLOFF, S. *Drogadicção*. Rio de Janeiro: Francisco Alves, 1976.

MASCARENHAS, E. *Alcoolismo, drogas e grupos anônimos de mútua ajuda*. São Paulo: Siciliano, 1990.

MURAD, J. E. *O que você deve saber sobre psicotrópicos*. Rio de Janeiro: Guanabara Dois, 1982.

OLIVENSTEIN, C. *A droga*. São Paulo: Brasiliense, 1984.

_____. *A vida do toxicômano*. Rio de Janeiro: J. Zahar, 1983.

PENTEADO, N. S. *Tóxico: passaporte para o inferno*. São Paulo: Ebrac, 1982.

ROSEMBERG, J. *Tabagismo*. São Paulo: Almed-Edusp, 1981.

SANCHEZ, A. M. T. et al. *Drogas e drogados*. São Paulo: EPU, 1982.

SONENREICH, C. *Maconha na clínica psiquiátrica*. In: *Caderno de Psicopatologia*. v. III. São Paulo: Manole, 1982.

SOUZA, P. *Society cocaína*. São Paulo: Traço, 1982.

TIBA, I. *Anjos caídos: como prevenir e eliminar as drogas na vida do adolescente*. São Paulo: Gente, 1998.

_____. *A maconha e o jovem*. São Paulo: Ágora, 1989.

WEINTRAUB, M. *Sonhos e sombras: a realidade da maconha*. São Paulo: Harper & Row do Brasil, 1983.

WUSTROF, R. *Prevenção de drogas*. São Paulo: Brasiliense, 1992.

ÍNDICE REMISSIVO

(Os números correspondem às respostas, e não às páginas.)